Sprachbuch 2

Erarbeitet von:
Astrid Eichmeyer, Heidrun Kunze,
Kerstin von Werder, Andrea Warnecke
und Sabine Willmeroth

Illustriert von Svenja Doering und Susanne Schulte

westermann

Inhaltsverzeichnis

1 Tafelschwamm und Pausenspiel 4

Erzählen, Gesprächs-/Klassenregeln • Ich-Text • Laut-Buchstabe
Silben, Piloten • -e/-el/-en/-er • Doppelkonsonanten

2 Gemüsebeißer und Sportskanonen 14

Informieren, Mitteilungen • Reihenfolge, Rezept
Abc, Nachschlagen • ie/i, ß/s

3 Wetterfrösche und Waldläufer 24

Erzähl-/Zuhörregeln, Rückmeldung • Ideenblitze, Leseversammlung
Nomen, Artikel • ck/tz, St/st, Sp/sp, Qu/qu

4 Bastelspaß und Technikwunder 34

gemeinsam Lernen, Partnerarbeit • Vorgangsbeschreibung, Satzanfänge
Einzahl/Mehrzahl, Satzschlusszeichen • Auslautverhärtung (t/d), r/h

5 Familienband und Freundeskreis 44

Gefühle • Einladungen • Artikel, Satzschlusszeichen
Auslautverhärtung (k/g, p/b), Doppelung

6 Traumzeit und Abenteuerheld 54

Meinungen äußern, Reihenfolge • Schreibplan, Überschrift
Verben • Inlautverhärtung, Doppelung bei Verben

7 Wüstenschiff und Wollmilchsau 64

Erzählen/Informieren, Fachbegriffe • Steckbrief
Adjektive • ie, ä/äu

8 Lesemops und Bücherwurm 74

Lesegewohnheiten, Bücher • Schreibideen, Fantasiegeschichte
Wortfamilien, ä/äu, Merkwörter (V/v)

Freizeitspaß und Zeitvertreib 84

Beschreiben, Diskutieren • Schreibplan, Wortfeld
Satzglieder; Oberbegriffe • Auslautverhärtung, Merkwörter (i)

9

Computermäuse und Funkhühner 94

Medien, Fernsehen • Akrostichon, Computer
Wortbausteine, Zusammengesetzte Nomen • Merkwörter (ä, Fremdwörter)

10

Weltenbummler und Reiseabenteurer 104

Sprachen, Dialekte • Postkarte, E-Mail
Wortarten, Präpositionen • Merkwörter (Dehnungs-h, X/x, Y/y)

11

Schneemänner und Sandburgen 114

mit Schrift gestalten • Verkleinerungsformen • Wünsche, Rollenspiel
Konkrete Poesie, Erzählen • Elfchen, Sprechtaculum

12

Methodenseiten 122
Wörterliste 131
Fachbegriffe 140
Kompetenzen 143

Was diese Zeichen bedeuten:

 Ich arbeite mit einem Partnerkind.

 Ich schlage in der Wörterliste nach.

 Ich recherchiere in Büchern oder im Internet.

 Ich arbeite an meinem Lerntagebuch / meinem Portfolio.

S. 126 Ich kann in den Methodenseiten nachschlagen.

AH Ich arbeite im Arbeitsheft weiter.

 Anforderungsbereich I   Anforderungsbereich II   Anforderungsbereich III

In den Fußzeilen sind die Kompetenzen/Lernschritte der jeweiligen Seite aufgelistet.

Von Erlebnissen erzählen

1 Sofie hat ihre Ferien-Schatzkiste mit in die Schule gebracht. Erzähle.

Wo hast du die Muschel gefunden?

Warum hast du gerade diese Steine gesammelt?

Wo hast du am liebsten gespielt?

Warst du auch auf dem Leuchtturm?

...

Murmelrunde   S. 123
1. Ich denke über ein Thema nach.
2. Ich tausche mich kurz mit anderen Kindern aus.
3. Ich spreche in Flüstersprache.

2 Erzähle einem Partnerkind etwas über deine Ferien. Beantworte seine Fragen.

3 Nun erzählt das Partnerkind. Stelle ihm Fragen.

4 Schreibe zu deinem Lieblingstag aus den Ferien.

Gesprächsregeln entwickeln und formulieren

1 Erzähle.

2 Schreibe Gesprächsregeln auf. Benutze die 5-Finger-Methode.

5-Finger-Methode   S. 122
1. Ich zeichne meine Hand auf ein Blatt.
2. Ich sammele Ideen.
3. Ich schreibe sie in die Finger.
4. Ich vergleiche mit einem Partnerkind.

3 Gehe leise durch den Raum
und lies die Ideen der anderen Kinder.

4 Vergleiche mit einem Partnerkind.
Ihr könnt noch Regeln dazuschreiben
oder eine neue Hand aufmalen.

Klassenregeln verabreden und aufschreiben

1 Lies Karis Klassenregeln. Erzähle.

Wir binden unsere Ufos an die Haken.
Wir arbeiten leise.
Wir schweben langsam zur Tafel.
Wir toben in der Pause auf dem Tisch.
Wir lachen keinen aus.
Wir legen unsere Helme in das Regal.
Wir sprechen höflich miteinander.

2 Welche Regeln passen auch für deine Klasse?
Schreibe sie auf.

3 Finde weitere Regeln. Schreibe sie auf.
Schreibe so: Wir ...

Unsere Klassenregeln:
1. Wir arbeiten leise.

4 Stelle deine Regeln vor.

5 Verabredet Klassenregeln.

S. 127 **6** Gestaltet ein Plakat.

Texte verfassen | Texte planen: Klassenregeln entwickeln;
Texte schreiben: nach Mustern schreiben (Regeln);
Texte überarbeiten: ein Plakat gestalten und präsentieren | > AH, S. 4
> Texte präsentieren, S. 127

Einen Ich-Text schreiben

1 Lies Karis Ich-Text und erzähle.

Mein Ich-Text

Mein Name: Kari

Meine Klasse: 2b

Ich sitze neben: Kara

Ich arbeite gerne mit: Bu

Mein ❤-Fach: Planetenkunde

Mein ❤-

2 Schreibe deinen Ich-Text:
Das bin ich in diesem Schuljahr.

3 Was kann noch im Ich-Text stehen?
Startet eine Murmelrunde.
Ergänzt.

S. 123

4 Gestalte deinen Ich-Text.

S. 127

5 Stelle deinen Ich-Text vor.

Texte verfassen | Texte schreiben: nach Mustern schreiben (Ich-Text); Texte überarbeiten: einen Ich-Text für die Veröffentlichung aufbereiten und präsentieren | > Murmelrunde, S. 123
> Texte präsentieren, S. 127

Laut-Buchstabe-Verbindungen kennen

1 Erzähle.

Sprich genau und höre genau!

2 Setze die Anlaute ein und schreibe die Wörter auf.
Schreibe so: Melone, ...

3 Schreibe die Anlaute auf: W I R, ...
Lies die Wörter. Bilde einen Satz.

Silben schwingen, Piloten markieren

1 Erzähle.

> Ich spreche beim Schreiben genau in Silben mit.

> Jede Silbe hat einen Piloten.

---

2 Schwingt die Wörter.

3 Zeichnet die Silbenbögen.
Schreibt die Piloten auf: o i o

4 Schreibt nun die Wörter auf.
Schreibt so: Domino, …

---

5 Schreibe die Wörter auf: Paket, …

   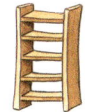   

6 Schreibe auch diese Wörter auf.

Silben schwingen, Piloten markieren

1 Erzähle.

2 Welcher Pilot passt? Schreibe die Wörter auf.
Schreibe so: Mappe, ...

| M▮ppe | St▮ft | H▮ft | B▮ch |
| D▮se | L▮neal | ▮to | Kr▮de |

3 Schreibe die Wörter auf. Markiere die Piloten: Baum, ...

4 Lies die Wörter. Achte auf die erste Silbe.
Was fällt dir auf?

| Hefe | He fe | haben | ha ben |
| Hefte | Hef te | halten | hal ten |

Wo ist der Pilot?

Steht der Pilot am Ende der Silbe,
ist es eine **offene Silbe**. Der Pilot klingt lang.

5 Welche Wörter sind in der ersten Silbe offen?
Schreibe sie auf. Schreibe so: erste Silbe offen: Schere, ...

Schere   Dose   Freunde   Laden   warten   schreiben

Wörter mit e, el, en, er mitsprechen

1 Was siehst du? Erzähle.

- -

2 Schwinge die Wörter und schreibe sie auf.

Stein█   Schauf█l   Mau█r   Stelz█n

Kind█r   Stuf█n   Ras█n   Leit█r

> Dieses gemeine **e**! Immer klingt es anders.

3 Markiere den Piloten in der letzten Silbe: Kinder, ...
Was fällt dir auf?

- -

4 Schwinge die Wörter und schreibe sie auf.
Schreibe so: Rutsche, ...

5 Schreibe weitere Wörter mit **el** und **en** auf.

Wörter mit Doppelkonsonanten mitsprechen

1 Sortiere die Wörter.
Schreibe so: nn: rennen, ...

> Hier sind die Silben geschlossen.
> Der Pilot klingt kurz.

rennen	müssen	zittern	wollen
retten	sammeln	brüllen	können
bitten	brennen	lassen	küssen
knallen	summen	messen	kommen

tt
ss
mm
ll   nn

2 Schwingt die Wörter.

3 Schreibe die Wörter aus **2** auf. Sprich deutlich mit.
Markiere den Piloten in der ersten Silbe: fallen, ...

4 Schwinge die Wörter und schreibe sie auf.
Schreibe so: erste Silbe offen | erste Silbe geschlossen
Leine | ...

Leine	Pappe	Brote	Pause	Stelzen	Junge	Jo-Jo
Seile	Klasse	Tore	Mantel	Menschen	Schuhe	Karten

5 Schwinge und schreibe die Wörter in die Tabelle aus **4**.

rechtschriftliche Kenntnisse anwenden: Wörter mit Doppelkonsonanten schreiben, offene/geschlossene Silben erkennen;
Rechtschreibstrategien anwenden: Mitsprechen

> AH, S. 8

Wörter abschreiben

1 Schreibe die Wörter ab.

Melone   Banane   Taucher   Frosch   Brille   Strom

Regenwurm   Krankenwagen   Drachenschnur

Wörter abschreiben   S. 129
1. Ich lese in Silben.
2. Ich verdecke das Wort und merke es mir.
3. Ich schreibe und spreche dabei genau mit.
4. Ich kontrolliere.

2 Finde die Wortgrenzen. Schreibe die Wörter ab.
Schreibe so: Fisch, ...

FischDelfinRaupeEuleKaterLamaMeise

3 Finde die Wortgrenzen. Schreibe die Wörter ab.

SchrankSchwesterSchlangeSchuleSchweinSchnabel

4 Finde die Wortgrenzen. Schreibe die Sätze ab.

Dasfindeichleicht.Ichkanndas.

5 Schreibe eine eigene Wörterschlange. Tausche.

Über Interessen informieren

1 Erzähle.

> Tennis ist mein Lieblingssport. Im Sommer spiele ich draußen, im Winter in der Halle.

> Wir spielen oft auf dem Bolzplatz Fußball. Meistens stehe ich im Tor. Ich möchte gerne als Torhüterin in einer richtigen Mannschaft spielen.

> In der Schule mache ich Judo. Für diesen Sport braucht man immer ein Partnerkind. Mit dem Partnerkind übe ich für den weiß-gelben Gürtel.

> Ich bin in einem Schwimmverein. Mit meiner Mannschaft nehme ich an Wettkämpfen teil. Dafür trainieren wir regelmäßig.

2 Welche Sportart findest du gut? Begründe.

3 Stelle eine Sportart pantomimisch dar. Die anderen raten.

4 Berichte über deinen Lieblingssport.

> Was?
> Wo?
> Wann?
> Mit wem?

zu anderen sprechen: informieren;
verstehend zuhören: über Interessen (Sport) sprechen;
szenisch spielen: etwas pantomimisch darstellen

Mündliche und schriftliche Mitteilungen vergleichen

1 Erzähle.

2 Spielt die Situation.
Was könnte passieren? Tauscht euch aus.

3 Erzähle.

4 Welches Problem hat Mario?

5 Schreibe für Mario einen Einkaufszettel.

Sprechen und zuhören | Gespräche führen: über die Funktion schriftlicher Mitteilungen (z. B. Einkaufszettel) sprechen; szenisch spielen: sich in eine Situation hineinversetzen

15

Reihenfolge beachten

1 Betrachte die Bilder und beschreibe.

2 Lies die Sätze und schreibe sie auf Papierstreifen.

Anschließend rühre ich die Milch in den Quark.

Zum Schluss mische ich den Quark mit den Früchten.

Zuerst stelle ich alle Zutaten auf den Tisch.

Nun gebe ich die Fruchtstücke in den Quark.

Jetzt fülle ich den Quark in die Schüssel.

Danach wasche und schneide ich die Früchte.

> Eins nach dem anderen. Beim Rezept ist die Reihenfolge wichtig.

S. 126 **3** Ordne die Streifen in der richtigen Reihenfolge.

4 Vergleicht.
Klebt die Streifen geordnet auf.

5 Schreibe einen Einkaufszettel für den Früchtequark.

Texte verfassen | Texte planen/schreiben: auf Reihenfolge achten, Handlungsabläufe erkennen (Vorgangsbeschreibung), nach Mustern schreiben (Einkaufszettel) | > AH, S. 10
> Textaufbau, S. 126

Ein Rezept schreiben

1 Erzähle.

2 Schreibe ein Rezept für die Fruchtspieße.
Schreibe so: Zuerst stelle ich …
Nun schäle ich …
Anschließend wasche ich …
Danach schneide ich …
Zum Schluss stecke ich …

Diese Wörter helfen dir.

Äpfel
Bananen
Birnen
Trauben
Fruchtstücke
Früchte
Spieße
Zutaten

S. 126

3 Suche dir ein Partnerkind.
Vergleicht eure Rezepte.

4 Stellt in der Klasse Fruchtspieße her.

5 Sammelt eigene Rezepte.
Gestaltet ein Rezeptbuch.

S. 127

Texte verfassen | Texte schreiben: strukturiert schreiben (Rezept); Texte überarbeiten: Texte an der Schreibaufgabe überprüfen, Rezepte für die Veröffentlichung aufbereiten und präsentieren | > AH, S. 10 > Textaufbau, S. 126 > Texte präsentieren, S. 127

Abc als Ordnungsprinzip kennen

1 Lies das Abc-Gedicht.

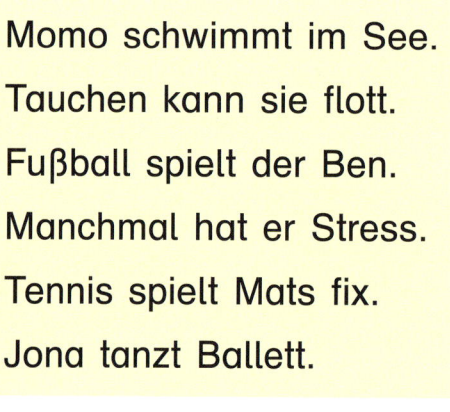

A B C D E	Momo schwimmt im See.
F G H I J	Tauchen kann sie flott.
K L M und N	Fußball spielt der Ben.
O P Q R S	Manchmal hat er Stress.
T U V W X	Tennis spielt Mats fix.
Y und Z	Jona tanzt Ballett.

2 Sprecht das Gedicht zu zweit.
Einer liest das Abc, der andere die Sätze.

3 Schreibe das Abc erst in Großbuchstaben
und dann in Kleinbuchstaben auf.

4 Nenne die fehlenden Buchstaben.
Schreibe sie auf.

B C D ☐ F G H ☐ J K L M N ☐ P Q R S T ☐ V W X Y Z

Diese Piloten bekommen einen neuen Namen.
Sie heißen **Selbstlaute** (Vokale): **A, E, I, O, U**.
Die anderen Buchstaben im Abc
heißen **Mitlaute** (Konsonanten).

5 Schreibe alle Mitlaute auf.

Abc als Ordnungsprinzip anwenden

1 Schreibe diese Wörter auf Karten.
Sortiert sie nach dem Abc. Vergleicht.

Ente	Apfel	Gemüse	Banane	Feder	Dose	Hase

2 Schlage die Wörter aus **1** in der Wörterliste nach.
Schreibe sie mit der Seitenzahl auf:
1. Apfel S. 131, 2. …

---

3 Schlage auch diese Wörter in der Wörterliste nach.
Schreibe so: a) Dezember b) …

a) Der Monat unter D

b) Das 1. Tier unter B

c) Das letzte Wort unter E

d) Das 6. Wort unter R

e) Die Jahreszeit unter W

f) Das Spielzeug unter J

g) Das 4. Wort unter L

h) Alle Lebensmittel unter Z

4 Stellt euch gegenseitig Rätsel zur Wörterliste.

---

5 Schlage die Bilder nach.
Schreibe sie mit der Seitenzahl auf: Kirsche S. 134, …

  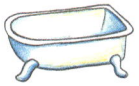   

Kirsche oder Körsche?

das **Kino**, die Kinos
kippen, er kippt
die **Kirche**, die Kirchen
die **Kirsche**,
  die Kirschen
die **Kiste**, die Kisten
die **Kiwi**, die Kiwis
klar

Nachschlagen   S. 130
Wenn ich unsicher bin, wie ein Wort geschrieben wird,
schlage ich es in der **Wörterliste** nach.

Wörter mit ie und i mitsprechen

1 Schwinge die Wörter und schreibe sie ab.
Setze Silbenbögen und markiere
die Selbstlaute in der ersten Silbe.

Wiese – Winter	Fieber – Finger
Riese – Rinde	Tiere – Tinte
bieten – bitten	Spiegel – Spitze

2 Was fällt dir auf?
Tausche dich mit einem Partnerkind aus.

> Das ie ist auch
> ein Selbstlaut.

Höre ich am Ende der Silbe ein **i**,
schreibe ich meistens **ie**: Wiese - Winter

3 **ie** oder **i**? Sprich die Wörter in Silben und schreibe sie auf.
Überprüfe mit Silbenbögen: Schinken, ...

Sch_nken	Fl_ge	St_fel	B_rne	L_der	r_chen
w_nken	R_gel	S_lben	l_ben	s_ben	K_nder

4 Schreibe die Wörter auf. Überprüfe mit Silbenbögen.
Schreibe so: Biene, ...

5 **au**, **ei** und **eu** nennt man Doppellaute (Zwielaute).
Begründe.

rechtschriftliche Kenntnisse anwenden: Wörter mit
langem i-Laut (ie) in der offenen Silbe schreiben;
Rechtschreibstrategie anwenden: Mitsprechen

> AH, S. 13

Wörter mit ß und s mitsprechen

1 Lies den Text.

> Kari und Bu grüßen von der Reise.
>
> Wir gießen die Rosen.
>
> Bienen lieben süße Speisen.
>
> Salome hat eine weiße Bluse an.
>
> Auf der Wiese krabbeln große Ameisen.

Klingt das **s** zu Beginn einer Silbe wie das Zischen einer Schlange, schreibe ich ein **ß**: große

Klingt das **s** zu Beginn einer Silbe wie das Summen einer Biene, schreibe ich ein **s**: Dose

2 Sprich alle Wörter mit ß und s aus **1** deutlich mit.
Schreibe sie auf:

ß	s
grüßen	

3 Sprich die Wörter deutlich mit und schreibe sie auf.
Überprüfe mit Silbenbögen: Straße, ...

   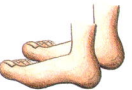   

4 Schreibe die Sätze aus **1** als Schleichdiktat.

Schleichdiktat   S. 129
1. Ich lege den Text an eine entfernte Stelle im Raum.
2. Ich lese einen Teil und merke ihn mir.
3. Ich schleiche zu meinem Platz,
   schreibe und spreche dabei genau mit.
4. Zum Schluss hole ich mir den Text
   und kontrolliere jedes Wort.
5. Ich verbessere meine Fehler.

1 Welcher Buchstabe im Abc kommt danach?
Schreibe so: a) F G   b) K ...

a) F ▮   b) K ▮   c) O ▮   d) T ▮   e) W ▮

2 Welche Buchstaben fehlen?

a) C ▮ E   b) J ▮ ▮   c) ▮ N ▮   d) ▮ ▮ X
e) ▮ r ▮   f) ▮ h ▮   g) ▮ k ▮   h) ▮ ▮ u

3 Sortiere diese Namen nach dem Abc.
Schreibe sie geordnet auf. Vergleiche.

Kari Bu Ole Ali Salome Momo

4 **ie** oder **i**? Sprich die Wörter in Silben und schreibe sie auf.
Überprüfe mit Silbenbögen.

s▮ngen L▮be sp▮len Z▮rkus Z▮ge
Sp▮gel T▮re kr▮gen R▮nder L▮ste

5 **ß** oder **s**? Sprich die Wörter in Silben und schreibe sie auf.
Überprüfe mit Silbenbögen.

drau▮en Ra▮en Do▮e So▮e In▮el
Grö▮e le▮en Lo▮e Na▮e Grü▮e

Das kann ich jetzt / Mein Portfolio   S. 124

– Am Ende des Kapitels wiederhole ich,
  was ich gelernt habe.
– Ich überlege, was ich gut kann
  und was ich noch üben möchte.
– Ich arbeite in meinem Portfolio.

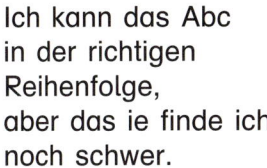

Ich kann das Abc
in der richtigen
Reihenfolge,
aber das ie finde ich
noch schwer.

Das kann ich jetzt.
Das muss ich noch üben.
Das nehme ich mir vor.
So schätze ich mich selbst ein.
...

Sternenforscher-Ecke

1 Momo und Ali führen ein Rechtschreibgespräch.
Erzähle.

2 Schreibe die Wörter auf Kärtchen.

liegen   beißen   Tiere   trinken

3 Lies die Wörter mit Silbenbögen.

4 Führt ein Rechtschreibgespräch.

liegen wird
mit **ie** geschrieben.
Ich höre ein **i**
am Ende der Silbe.
Die Silbe ist offen.

Richtig!

Rechtschreibgespräch   S. 128
1. Ich lese das Wort meinem Partnerkind vor.
2. Wir sprechen über Aufpass-Stellen und erklären sie.
3. Wir wechseln uns ab.

Das kann ich jetzt
Sternenforscher-Ecke

Rechtschreibstrategien anwenden: Mitsprechen;
Arbeitstechnik kennenlernen: Rechtschreibgespräch anwenden;
über Lernen sprechen: Lernerfahrungen reflektieren

> Methoden, S. 124/128
> AH, S. 14 (Sternenforscher)
> AH, S. 15 (Das kann ich jetzt)

23

Geschichten erzählen

1 Betrachte die Bilder.

Abenteuer auf dem Spielplatz

2 Beschreibe, was du auf den Bildern siehst.

3 Überlege dir ein Ende für die Geschichte.

4 Erzähle deine Geschichte mithilfe der Bilder.

Erzählregeln   S. 123
- Ich schaue die Zuhörer an.
- Ich spreche laut und deutlich.
- Ich beantworte Fragen.

Zuhörregeln   S. 123
- Ich verhalte mich ruhig.
- Ich schaue den Erzähler an.
- Ich denke mit.

zu anderen sprechen: durch Bildimpulse eine Geschichte
erzählen; Gespräche führen: Gesprächsregeln beachten
(Erzähl- und Zuhörregeln)

> Erzählregeln, S. 123
> Zuhörregeln, S. 123

Rückmeldung geben

1 Lies die Sprechblasen.

> **Mir** hat der Junge gut gefallen, weil er so mutig war.

> **Ich** hätte **mir** gewünscht, dass du mehr erzählst.

> **Ich** würde **mich** freuen, wenn du lauter sprichst.

> **Ich** fand richtig gut, dass du spannend erzählt hast.

2 Einige Wörter sind markiert. Überlegt, warum.

> Ich beginne die Sätze mit „**ICH**" oder „**MIR**", wenn ich Rückmeldung gebe.

Rückmeldung geben   S. 123
- Ich bin höflich und lobe.
- Ich gebe Tipps zur Verbesserung.
- Ich begründe meine Meinung.

3 Betrachte die Bilder.

4 Erzählt die Geschichte und gebt euch Rückmeldung.

Ideenblitze schreiben

1 Lies die Geschichte.

Tim ist so doof! Wütend stapft Mario durch den Wald.

Tim hat ihn hergeschleppt und dann Angst bekommen.

Einfach abgehauen ist er. So ein Weichei!

Ein Zweig klatscht Mario ins Gesicht.

Er zuckt zusammen.

Langsam kriecht die Dunkelheit durch die Baumkronen.

Zwischen den Bäumen sammeln sich Schatten.

Mario spürt, wie ihm kalt wird. Er bleibt stehen.

Wo geht es weiter? Raschelt da nicht etwas?

Er holt tief Luft. Hinter ihm knackt es.

Mario fährt herum …

2 Erzähle einem Partnerkind den Anfang der Geschichte.

3 Überlege dir, wie die Geschichte weitergehen könnte.
Schreibe deine Ideen auf:

Mario findet …

Tim hat sich versteckt.

Waldhütte

Angst

…

Ideenblitze S. 125
Ideenblitze helfen mir, eine Geschichte zu planen.
1. Ich sammele Ideen und schreibe sie auf.
2. Ich wähle aus, welche Ideen ich für meine Geschichte brauche.

4 Erzähle deine Ideen. Gebt euch Rückmeldung.

Eine Leseversammlung durchführen

1 Schreibe das Ende deiner Geschichte auf.
Diese Satzanfänge helfen dir:

S. 126

> Nach einiger Zeit ...   Überall ...   Erleichtert ...   Völlig erschöpft ...
>
> Plötzlich ...   Nirgends ...   Stunden später ...   Zum Glück ...

---

2 Die Kinder führen eine Leseversammlung durch.
Erzähle.

Leseversammlung   S. 127
1. Ich lese meinen Text vor.
2. Die anderen Kinder hören mir zu.
3. Die Zuhörer geben mir Rückmeldung.

---

3 Lies deine Geschichte vor.

4 Gebt euch Rückmeldung.

S. 123

Texte verfassen | Texte schreiben: nach Anregungen schreiben (Geschichtenende); Texte überarbeiten: Anregungen und Hilfen für Texte geben; Arbeitstechnik kennenlernen: Leseversammlung nutzen | > Textaufbau, S. 126 > Leseversammlung, S. 127 > Rückmeldung geben, S. 123 | **27**

Nomen (Substantive) kennenlernen und ordnen

1 Was kann im Korb sein?

Flasche

süß

lustig

spielen

Möhre

Jacke

2 Schreibe die Nomen auf. Markiere den ersten Buchstaben.

3 Welche Wörter sind Nomen?
Begründet.

> Alles, was ich anfassen oder haben kann, sind Nomen. Nomen schreibe ich groß.

OMA	BLUME	LAUFEN	HOLEN	IMMER
HUND	LIEST	STIEFEL	BLATT	WÄRTER
NASS	BAUM	LEHRER	FALLEN	VOGEL
BALL	FUCHS	GESTERN	UNTER	FAHRRAD

4 Ordne die Nomen aus **3** zu.
Schreibe so: Menschen: Oma, ...   Tiere: ...   Pflanzen: ...   Dinge: ...

5 Ergänze aus der Wörterliste.

Wörter für Menschen, Tiere, Pflanzen und Dinge
heißen **Nomen** (Substantive).
Nomen schreibe ich groß: Lehrer, Hund, Blume, Ball.

6 Suche Nomen, die keine Menschen, Tiere, Pflanzen
oder Dinge sind. Schreibe sie auf.

sprachliche Begriffe kennen und anwenden:
Nomen (Substantive) kennenlernen;
an Wörtern arbeiten: Wörter sammeln und ordnen
> AH, S. 17

Artikel (Begleiter) kennenlernen und zuordnen

1 Erzähle.

2 Lies die Fragen aus **1** noch einmal.
Welche Wörter stehen vor den Nomen? Schreibe sie auf.

 Nomen können einen **Artikel** (Begleiter) haben:
der Esel, **die** Blume, **das** Tier

3 Schreibe die Nomen mit Artikel auf.

Kind   Zoo   Tor   Bank   Wolf   Tür   Futter   Junge   Frau

4 Lies genau. Schreibe die Nomen mit Artikel auf.

5 Schreibe die Nomen mit Artikel auf.

Sprache untersuchen   sprachliche Begriffe kennen und anwenden: > AH, S. 17   29
Artikel (Begleiter) kennenlernen und zuordnen;
rechtschriftliche Kenntnisse anwenden: Wortgrenzen erkennen

Wörter mit ck und tz mitsprechen

1 Lies die Wörter in Silben.
Was fällt dir auf? Erkläre.

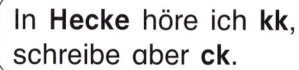

In **Hecke** höre ich **kk**, schreibe aber **ck**.

Steht am Ende einer Silbe ein Mitlaut, ist die Silbe geschlossen.

 Himmel  Sonne  Mücke

 Bretter Hacke Suppe

2 Schreibe die Reimpaare auf. Setze Silbenbögen.

Hecke   Locke   Schnecke   Glocke   Decke   Flocke   Socke

3 Schreibe die Wörter mit Artikel auf.
Schreibe so: die Glocke, …

4 Schreibe Sätze mit den Wörtern aus **3** .

---

5 Schreibe die Reimwörter auf. Setze Silbenbögen.

Höre ich **zz**, schreibe ich meistens **tz**.

Hetze	Katze	Witze	Pfütze
N ▬	T ▬	H ▬	M ▬
P ▬	Gl ▬	Bl ▬	Gr ▬

6 Finde in der Wörterliste noch weitere Wörter
mit **ck** und **tz**.
Schreibe sie mit Artikel auf. 📖

7 Schreibe Sätze mit den Wörtern aus **5** .

rechtschriftliche Kenntnisse anwenden:
Wörter mit ck und tz schreiben;
Rechtschreibstrategien anwenden: Mitsprechen   > AH, S. 18

Wörter mit St/st, Sp/sp und Qu/qu mitsprechen

1 Setze **sp** oder **st** ein.
Schreibe die Wörter auf: springen, ...

ringen ehen 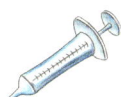rühen rechen
reicheln ellen aren olpern

Ich spreche **schp** und schreibe **sp**.

Ich spreche **scht** und schreibe **st**.

2 Schwingt die Wörter.

3 Schreibe die Wörter aus ② mit Artikel auf.
Kontrolliert mit Silbenbögen.

4 **K/k** oder **Qu/qu**? Schreibe die Sätze richtig in dein Heft.

leine Fer el ieken.
Nein, ich esse einen ark.
Ein Frosch akt an der elle.
allen önnen eine al sein.

Hier sprichst du anders als du schreibst.
Aus **kw** wird immer **Qu** oder **qu**.

5 Schreibt mit den Wörtern aus **1** und **2** ein Partnerdiktat.

Partnerdiktat   S. 129
1. Ich diktiere und beobachte mein Partnerkind beim Schreiben.
2. Mein Partnerkind schreibt und spricht leise mit.
3. Bei einem Fehler sage ich „Stopp!".
4. Wir sprechen über den Fehler und verbessern ihn.
5. Wir wechseln uns ab.

Das kann ich jetzt

1 Worauf musst du achten, wenn du eine Geschichte erzählst?
Schreibe auf.

2 Was könnte passieren?
Schreibe deine Ideen auf.

3 Finde die Nomen.
Schreibe sie mit Artikel auf.

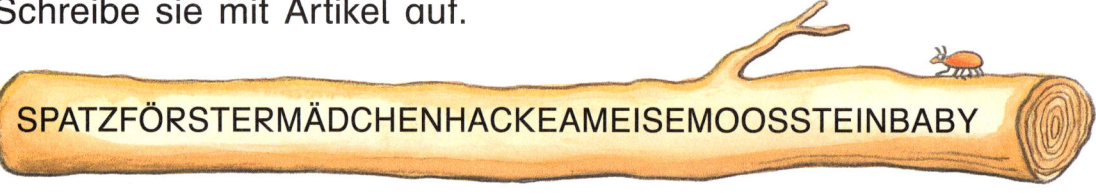

SPATZFÖRSTERMÄDCHENHACKEAMEISEMOOSSTEINBABY

4 Welches Wort passt nicht in die Reihe?
Schreibe die übrigen Wörter auf. Finde einen Oberbegriff.

Eiche – Rose – Tanne – Tulpe – Tisch – Blume

Huhn – Hund – Haus – Hahn – Hase – Hummel

5 Ordne diese Nomen den vier Oberbegriffen von Nomen zu.
Schreibe sie mit Artikel auf: Menschen: die Oma, ...

BIENE   ROLLER   OMA   TANTE   LEINE   PINGUIN
PALME   TOMATE   FISCH   WAGEN   HECKE   NACHBARIN

1 Finde diese Wörter in der Wörterliste.
Schreibe sie mit Seitenzahl auf: die Tasche S. 138, …

Tasche   Mütze   Jacke   Birne

Stern   Gurke   Spucke   Tatze

2 Welches Wort steht darüber und darunter?
Schreibe so: täglich – die Tasche – die Tastatur – S. 138, …

3 Ergänze die Reimwörter mit **Qu/qu**. Schreibe sie auf.

stark   Matsch   Falle   Halm   rasseln   pieken   Wal

Sternenforscher-Ecke

4 Lies die Wörter.

Decke   Spiegel   quatschen   staunen

Blitze   Quelle   Spiele   Straße

5 Schreibe die Wörter auf Kärtchen.

6 Lies die Wörter mit Silbenbögen.

7 Markiere in jedem Wort die schwierigen Mitsprech-Stellen grün.
Führt ein Rechtschreibgespräch.

S. 128

8 Schreibt die Wörter aus **4** als Partnerdiktat.

S. 129

Das kann ich jetzt
Sternenforscher-Ecke | Rechtschreibstrategien anwenden: Mitsprechen;
über Lernen sprechen: Lernerfahrungen reflektieren | > Methoden, S. 124/128
> AH, S. 20 (Sternenforscher)
> AH, S. 21 (Das kann ich jetzt) | 33

Gemeinsam zu einem Thema sprechen und zuhören

1 Karis Wundermaschine im Einsatz: Erzähle.

S. 122 **2** Arbeite mit einem Partnerkind.
Denkt euch gemeinsam eine Wundermaschine aus.

3 Beantwortet zusammen die Fragen. Schreibt die Antworten auf.
Schreibt so: Unsere Maschine heißt ...

> – Wie heißt eure Maschine?
>
> – Was kann eure Wundermaschine?
>
> – Wer braucht die Maschine und wofür?

4 Malt ein Bild von eurer Maschine.

5 Stellt sie den anderen vor.

S. 124 **6** Beurteilt eure Partnerarbeit.

34 Sprechen und Zuhören | zu anderen sprechen: erzählen; | > Partnerarbeit, S. 122
Gespräche führen: eigene Ideen entwickeln; | > Rückmeldung geben, S. 123
Arbeitstechnik kennenlernen: Partnerarbeit nutzen | > über Lernen sprechen, S. 124

Über Lernen sprechen (Partnerarbeit)

1 Lies die Sprechblasen.

2 Sammele Regeln für die Partnerarbeit.

S. 122

3 Gestaltet ein Plakat mit euren Regeln zur Partnerarbeit für die Klasse.

4 Was nimmst du dir für deine nächste Partnerarbeit vor?

Sprechen und Zuhören | über Lernen sprechen: über Lernerfahrungen sprechen und diese reflektieren; Arbeitstechnik kennenlernen: Partnerarbeit nutzen | > Partnerarbeit, S. 122
> 5-Finger-Methode, S. 122
> über Lernen sprechen, S. 124 | 35

Einen Vorgang beschreiben

1 Erzähle.

Fingerabdrücke sichern

S. 126 **2** Lies die Sätze. Was fällt dir auf?

> – den Daumen fest auf den Spiegel machen
>
> – etwas Puder auf den Fingerabdruck machen
>
> – einen Klebestreifen über den Abdruck machen
>
> – ihn vorsichtig vom Spiegel losmachen
>
> – den Klebestreifen auf schwarzes Papier machen
>
> – eine Untersuchung mit der Lupe machen

3 Ordne die passenden Wörter zu.
Schreibe so: – den Daumen fest auf den Spiegel drücken
– etwas ...

4 Schreibe auf, wie du Fingerabdrücke sicherst.
Schreibe so: Ich drücke den Daumen fest auf den Spiegel.
Danach tupfe ich ...

entfernen

drücken

kleben

kleben

durchführen

wischen

Verschiedene Satzanfänge nutzen

1 Was ist passiert? Erzähle.

2 Lies Oles Detektiv-Trick. Erzähle.

> **Meine Alarmanlage**
> Ich suche mir ein kleines Kuscheltier.
> Dann gehe ich damit in den Flur.
> Und dann schließe ich meine Zimmertür fast.
> Und dann schiebe ich das Tier
> durch den Spalt hinter die Tür.
> Und dann gehe ich weg.
> Später kontrolliere ich den Sitzplatz meines Teddys.

Jetzt weiß ich, dass jemand in meinem Zimmer war.

3 Lies den Text einem Partnerkind vor.
Was fällt euch auf?

4 Verändere die Satzanfänge.
Schreibe so: Ich suche mir ein kleines Kuscheltier. Danach ...

S. 126

| Anschließend ... | Zum Schluss ... | Nun ... | Jetzt ... |

| Nachher ... | Danach ... | Als Nächstes ... | ... |

Und dann ...
Und dann ...
Und dann ...

5 Schreibe auf, wie Ole seinen Trick ausführt.
Schreibe so: Ole sucht sich ein kleines Kuscheltier.
Danach geht er ...

Einzahl (Singular) und Mehrzahl (Plural) bilden

1 Erzähle.

2 Schreibe Memo-Karten mit den Nomen aus **1**.

> Die meisten **Nomen** (Substantive) gibt es
> in der **Einzahl** (Singular) und in der **Mehrzahl** (Plural).
> der Stift – die Stifte

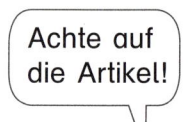

Achte auf
die Artikel!

3 Sortiert eure Karten nach Einzahl und Mehrzahl.
Was fällt euch auf?

----

4 Schreibe die Nomen in Einzahl und Mehrzahl auf.
Schreibe so: der Bus – die Busse, ...

Bus   Rolle   Apparat   Schere   Mikrofon   Werkzeug   Steckdose

5 Schreibt auch diese Nomen in Einzahl und Mehrzahl auf.
Was fällt euch auf?

Pinsel   Schalter   Eimer   Reifen   Kalender   Kabel   Fenster

38   Sprache untersuchen   sprachliche Begriffe kennen und anwenden: > AH, S. 23
Einzahl (Singular) und Mehrzahl (Plural) kennenlernen;
an Wörtern arbeiten: Nomen ordnen

Satzschlusszeichen setzen (Punkt, Fragezeichen)

1 Lies die Satzschlange.

> ich erfinde Spiele wir basteln Karten das ist toll
> wollen wir spielen kommst du mit ich hole das Memo

> Wenn ich eine Frage stelle, will ich eine Antwort. Ich setze ein Fragezeichen.

2 Warum sind die Sätze schwierig zu finden?

> Am Ende eines Satzes steht ein Satzzeichen.
> Jeder Satz beginnt mit einem großen Anfangsbuchstaben.
> Ich liebe Spiele. — Was wollen wir spielen?

3 Schreibe die Sätze aus **1** richtig auf.
Markiere die Satzzeichen und den Anfangsbuchstaben des Satzes.

4 Schreibe die Fragen mit passenden Fragewörtern auf.

> ▬ wollen wir spielen?   ▬ kann ich gewinnen?
>
> ▬ ist meine Karte?   ▬ wird Sieger?
>
> ▬ kann sich Ole immer alles so gut merken?

Lauter W-Fragen:
wer
was
wie
wo
warum

5 Schreibe weitere Fragen auf.

6 Schreibe die Sätze richtig auf.
Markiere die Satzzeichen und den Anfangsbuchstaben.

> Wir holen uns das
> neue Memo-Spiel
> heraus wir warten alle

> Momo findet das erste
> Paar wir suchen um die
> Wette wer wird Erster

Wörter mit r und h mitsprechen

1 Lies die Wörter. Schreibe sie ab.

> Harken Haken   warten waten   Garten Spaten

2 Schwinge die Wörter aus **1**. Lies sie mit Silbenbögen.
Was fällt euch auf?

---

3 Schwinge und lies die Wörter.

stehen	sehen	ausleihen	Höhe	Fernseher	Eistruhe
blühen	gehen	bemühen	Kühe	Turnschuhe	Erzieher

4 Schreibe die Wörter aus **3** ab.
Schreibe so: stehen, ...

5 Tausche dich mit einem Partnerkind aus.
Markiere die schwierigen Buchstaben.

Bei manchen Wörtern muss ich das genaue **Mitsprechen** üben.
So kann ich jeden Buchstaben hören.
Genaues Lesen in Silben hilft mir.   warten   gehen

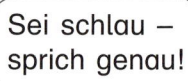

---

6 Lies den Text.

> Wir merken uns Wörter.
>
> Ich sehe neue Filme.

> Ich leihe Bücher aus.
>
> Wir turnen an Seilen.

Sei schlau –
sprich genau!

S. 129 **7** Schreibe die Sätze als Partnerdiktat.

Richtig schreiben   rechtschriftliche Kenntnisse anwenden:
Wörter mit vokalisiertem r und silbeninitialem h schreiben;
Rechtschreibstrategien anwenden: Mitsprechen   > AH, S. 25
> Partnerdiktat, S. 129

Wörter mit Auslautverhärtung weiterschwingen

1 Johanna und Andre führen ein Rechtschreibgespräch. Erzähle.

S. 128

Ich bin mir nicht sicher. Schreibt man Hun**t** oder Hun**d**?

Da musst du weiterschwingen: Hunde.
Jetzt hörst du das **d**.
Das ist der Beweis.

Hunde

Kind
Mond

weiterschwingen

Wenn ich unsicher bin, wie ein Wort am Ende geschrieben wird, muss ich **weiterschwingen**.
Hun $_{d}^{t}$ — Hunde, also Hund mit **d**

2 Schwinge weiter.
Schreibe so: Hunde — also Hun**d** mit **d**, ...

Hun▨ Mon▨ Leopar▨ Kin▨ Schil▨ Klei▨ Rin▨

3 **t** oder **d**? Schwinge die Wörter weiter.

Aben▨ Fel▨ Klei▨ Bro▨ Pake▨ Automa▨
Sala▨ Win▨ Mona▨ Zel▨ Freun▨ Unterhem▨

Das kann ich jetzt

1 Was musst du bei der Partnerarbeit beachten?
Schreibe auf.

----

2 Schreibe verschiedene Satzanfänge auf.

----

3 Schreibe die Nomen mit Artikel in Einzahl und Mehrzahl auf.

Baustein   Plakat   Klebestift   Blume   Spiegel   Heft   Hut

----

4 Lies die Satzschlangen.

wer will gewinnen ich spiele Karten wir raten

ich baue ein Haus hilfst du mir gib mir die Bausteine

ich spiele Forscher wann ist Pause Ali kann heute nicht

5 Schreibe die Sätze aus **4** richtig auf.
Markiere die Satzanfänge und die Anfangsbuchstaben der Sätze.
Schreibe so: Wer ...

----

6 Bilde aus den Silben Wörter. Lies mit Silbenbögen
und markiere die schwierige Mitsprech-Stelle.
Schreibe so: parken, ...

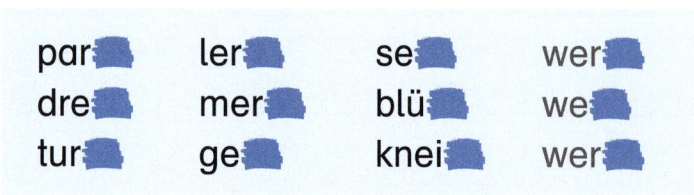

par▪   ler▪   se▪   wer▪
dre▪   mer▪   blü▪   we▪
tur▪   ge▪   knei▪   wer▪

1 Schreibe die Fragen mit passenden Fragewörtern auf.

W-Fragen:
wer
was
wie
wo
warum
wieso

■ wollen wir basteln? ■ ist der Kleber?

■ hat meinen Stift? ■ soll ich das aufkleben?

■ ist Ali schon fertig? ■ bin ich nicht schneller?

2 **t** oder **d**? Schwinge die Wörter weiter.
Schreibe so: Gründe – also Grund mit d, …

Grun t/d   Kin t/d   Pfer t/d   Sala t/d   Aben t/d   Hef t/d   Mun t/d

Sternenforscher-Ecke

3 Lies die Wörter.

Schild   Automat   Held   Plakat

Feind   Planet   Rind   Feld

Achtung, Aufpass-Stelle!
Ich sehe ein **d**,
aber höre ein **t**.

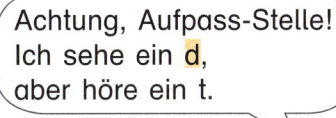

4 Schreibe die Wörter auf Kärtchen.

5 Markiere die Aufpass-Stellen orange.

6 Sortiere deine Wörter:
Mitsprechwörter und Wörter mit Aufpass-Stellen.
Führt ein Rechtschreibgespräch.

S. 128

7 Schreibe die Wörter aus ③ als
■ Abschreibwörter ■ Schleichdiktat ■ Partnerdiktat.

S. 129

Das kann ich jetzt
Sternenforscher-Ecke

Rechtschreibstrategien anwenden:
Mitsprechen, Weiterschwingen;
über Lernen sprechen: Lernerfahrungen reflektieren

> Methoden, S. 124/128
> AH, S. 26 (Sternenforscher)
> AH, S. 27 (Das kann ich jetzt)

43

Gefühle erkennen und darstellen

1 Erzähle.

traurig?

froh!

wütend

mutig!

ängstlich

beleidigt

klein?

nein,
schüchtern!

ach, klar

2 Wähle ein Bild aus.
Erzähle. Woran erkennst du das Gefühl?

3 Wähle Gefühle aus und stelle sie dar.

Ich bin schüchtern.
Ich kann dich nicht anschauen.
Ich werde rot. Ich weiß nicht,
was ich sagen soll.

4 Fotografiert die Darstellungen.

zu anderen sprechen: erzählen; Gespräche führen: über
eigene Gefühle sprechen; szenisch spielen: sich in eine
Rolle hineinversetzen und Gefühle darstellen

Gefühle ausdrücken und verstehen

1 Erzähle.

Fiona, hol doch mal dein Gummitwist!

Du wolltest doch Gummitwist mit mir spielen.

Aber jetzt möchte ich lieber Karten tauschen.

Du bist gemein!

Du bist immer gleich beleidigt. Lass uns in Ruhe!

2 Wie fühlen sich die Kinder? Beschreibe.

3 Samira möchte sich entschuldigen. Was könnte sie sagen und tun?

4 Spielt ein Rollenspiel.

5 Schreibe Samiras Entschuldigung auf.

6 Wie fühlst du dich, wenn es Streit gibt?

Sprechen und zuhören | Gespräche führen: über Gefühle sprechen; situationsangemessen sprechen/schreiben: sich entschuldigen, eine Entschuldigung schreiben, Gefühle nachempfinden

45

Eine Einladung planen

1 Lies die Einladung und erzähle.

Liebe Lisa,

du bist herzlich zu meinem Geburtstag eingeladen.
Wir treffen uns am Samstag, dem 26.11.16,
um 15.00 Uhr am Hallenbad in Sarstedt.
Bringe bitte deine Schwimmsachen mit.
Ich freue mich auf dich!
Dein Jens

Das ist bei Einladungen wichtig!

2 Schreibe die Fragen ab und beantworte sie.

- Wer bekommt die Einladung?
- Wozu wird eingeladen?
- An welchem Tag wird gefeiert?
- Um wie viel Uhr beginnt die Feier?
- Wo findet die Feier statt?
- Wer hat die Einladung geschrieben?

Checkliste:

Anrede

Anlass

Datum

Uhrzeit

Ort

Gruß / Name

3 Wozu wurdest du schon eingeladen? Erzähle.

Texte verfassen

Texte planen: Textmuster erschließen (Einladung);
Texte schreiben: adressatengerecht und kriteriengeleitet
schreiben

> AH, S. 28

Einladungen überarbeiten und schreiben

1 Lies die Einladungen und erzähle.

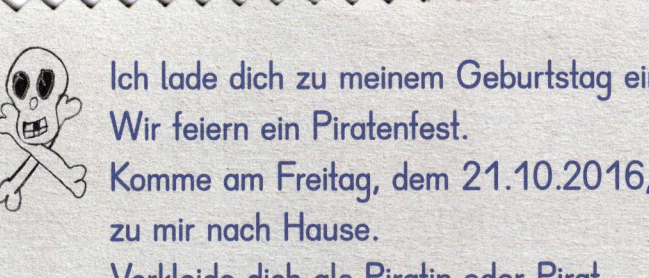

Ich lade dich zu meinem Geburtstag ein.
Wir feiern ein Piratenfest.
Komme am Freitag, dem 21.10.2016,
zu mir nach Hause.
Verkleide dich als Piratin oder Pirat.
Das wird ganz toll!
Ich freue mich
auf dich!

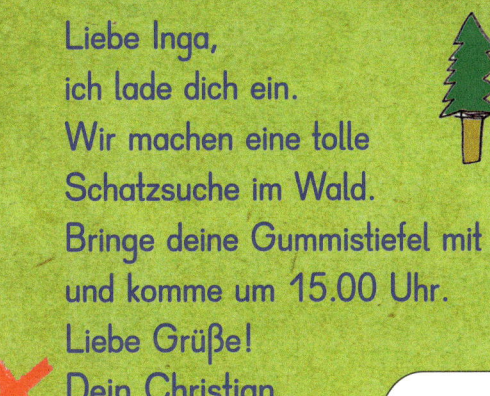

Liebe Inga,
ich lade dich ein.
Wir machen eine tolle
Schatzsuche im Wald.
Bringe deine Gummistiefel mit
und komme um 15.00 Uhr.
Liebe Grüße!
Dein Christian

Du kannst zum Sportfest, Kostümfest, Spielenachmittag, Fußballturnier, Filmabend, … einladen.

2 Was fällt euch auf?

3 Überarbeite eine Einladung mit der Checkliste.
Schreibe sie richtig auf.

4 Plane und schreibe eine eigene Einladung.

5 Führe eine Leseversammlung durch.
Überarbeite deine Einladung.

S. 127

Bestimmte/unbestimmte Artikel (Begleiter) unterscheiden

1 Erzähle.

Schau mal, ich habe ein Kaninchen im Garten gefunden.

Schau mal, ich habe das Kaninchen des Nachbarn im Garten gefunden.

2 Vergleicht die Sprechblasen. Was fällt euch auf?

3 Ordnet die beiden Sätze den Sprechblasen zu.

Satz 1: Julia hat irgendein Kaninchen im Garten gefunden.

Satz 2: Nina hat ein bestimmtes Kaninchen im Garten gefunden.

Es gibt bestimmte und unbestimmte Artikel:
der, die, das sind **bestimmte Artikel**,
ein, eine sind **unbestimmte Artikel**.

Ist es *das* oder *ein*?

4 Schreibe die Nomen mit bestimmtem und unbestimmtem Artikel auf: der Bruder — ein Bruder, ...

| Opa | Onkel | Bruder | Freund | Schwester | Spiel | Geschenk |
| Tante | Uroma | Vater | Mutter | Freundin | Witz | Gespräch |

5 Setze **die**, **das**, **ein** oder **eine** passend ein.

Jan hat ■ Freundin.   ■ Freundin heißt Gabi.
Gabi hat ■ Kaninchen.   ■ Kaninchen heißt Floppi.

6 Sprecht über eure Lösungen.

Sprache untersuchen   sprachliche Begriffe kennen und anwenden: bestimmten und unbestimmten Artikel (Begleiter) kennenlernen und unterscheiden   > AH, S. 29

Satzschlusszeichen setzen

1 Erzähle.

2 Lies die Sätze laut. Betone so, dass man hört,
mit welchem Satzschlusszeichen der Satz endet.

> Am Ende eines **Aussagesatzes** steht ein **Punkt**. .
> Am Ende eines **Fragesatzes** steht ein **Fragezeichen**. ?
> Am Ende eines **Ausrufesatzes** steht ein **Ausrufezeichen**. !

3 Lies und schreibe die Sätze in der richtigen Reihenfolge ab.
Setze die passenden Satzschlusszeichen ein.
Schreibe so: Was soll ich jetzt nur machen?

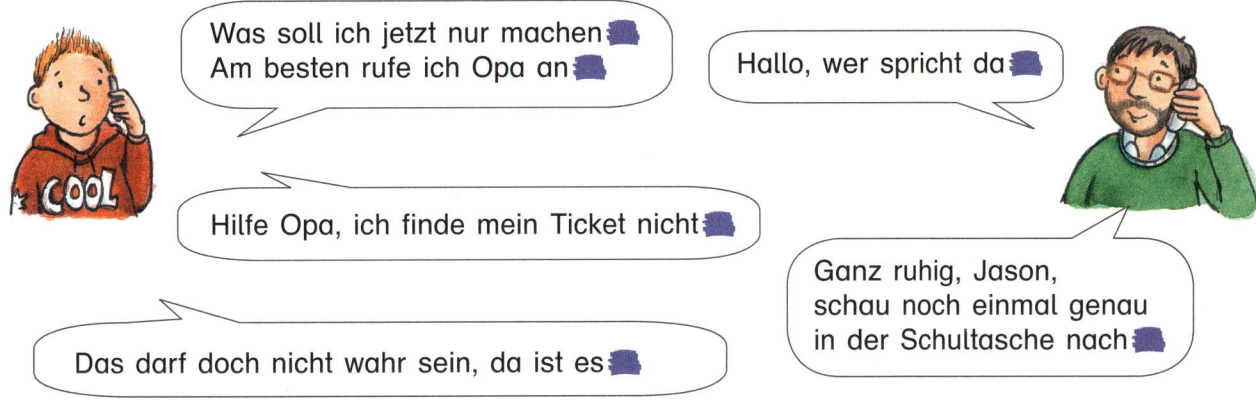

4 Markiere in deinen Sätzen die unterschiedlichen Satzschlusszeichen.

5 Lest das Gespräch betont vor.

Wörter mit Auslautverhärtung weiterschwingen

1 Erzähle.

Ich höre bei allen Wörtern ein **k** am Ende.

Das kennen wir schon. Du musst weiterschwingen: Berge – Ber**g**, also mit **g**!

2 **k** oder **g**? Schwinge weiter.
Schreibe so: Berge, also Ber**g** mit **g**, ...

Ber $^{k}_{g}$ Zwer $^{k}_{g}$ Geschen $^{k}_{g}$ Zwei $^{k}_{g}$ Zu $^{k}_{g}$ We $^{k}_{g}$

S. 128 **3** Welche Buchstaben gehören in die Lücken? Erkläre.

Sie▇   Kor▇   Mikrosko▇   Urlau▇

Wenn ich nicht sicher bin, wie ein Wort am Ende geschrieben wird, schwinge ich weiter.  Hund – Hunde, Berg – Berge, Korb – Körbe

4 Schreibe die Sätze ab und schwinge die Wörter weiter.
Schreibe so: Familie Findenix sucht jeden Tag ...

Familie Findenix sucht jeden Ta▇ etwas.
Oma sucht den Kor▇.
Jule sucht das neue Klei▇.
Leo sucht sein Mikrosko▇.
Opa sucht sein Sie▇.
Der Hun▇ sucht den We▇.

Wörter mit Doppelung weiterschwingen

1 Erzähle.

2 Lies und schreibe die Nomen auf. Schwinge sie weiter.
Schreibe so: das Skelett – die Skelette, ...

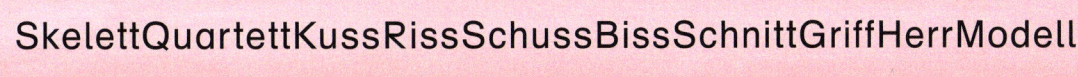

SkelettQuartettKussRissSchussBissSchnittGriffHerrModell

3 Schwinge die Nomen weiter.
Schreibe so: die Betten – das Bett, ...

Einmal doppelt, immer doppelt!

Be▮   Fe▮   Nu▮   Flu▮   Schlo▮   Schi▮   Ba▮

4 Bilde die Reimwörter. Schreibe sie mit Artikel auf.
Schreibe so: die Felle – das Fell, ...

Fe▮	Ku▮	Be▮	Schi▮
Mode▮	Schu▮	Quarte▮	Gri▮
Geste▮	Schlu▮	Fe▮	Ri▮

1 Schreibe die Nomen mit bestimmtem Artikel auf.

> Ball   Haus   Kerze   Garten   Teller   Wohnung   Haustier
> Torte   Kind   Tisch   Zimmer   Besuch   Geschenk   Einladung

2 Schreibe die Nomen aus **1** mit unbestimmtem Artikel auf.

3 Suche in der Wörterliste Tiere mit **E**.
Schreibe sie mit bestimmtem und unbestimmtem Artikel auf.

---

4 Lies den Anfang der Einladung.
Schreibe sie weiter.

> Annas Geburtstag
> zaubern
> 26.11.2016
> 15 Uhr
> Marktstr. 12

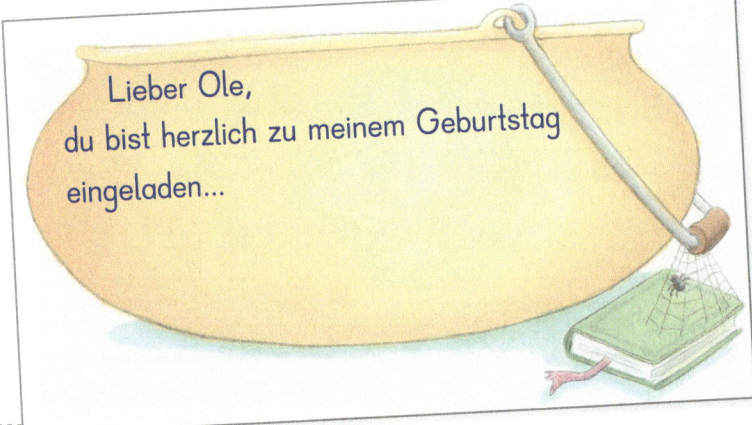

> Lieber Ole,
> du bist herzlich zu meinem Geburtstag
> eingeladen...

---

5 Schreibe die Sätze ab.
Setze die passenden Satzschlusszeichen ein.

> O nein, meine Flasche läuft aus
> Wo warst du gestern
> Ich habe heute schulfrei
> Lass mich in Ruhe
> Wann haben wir Pause
> Du bist gemein
> Wir haben keine Hausaufgaben auf

6 Lies die Sätze laut und betont.

1 Schwinge die Nomen weiter.
Schreibe sie in Einzahl und Mehrzahl auf.
Schreibe so: die Zweige – der Zweig, ...

2 Schwinge die Nomen weiter.
Schreibe sie in Einzahl und Mehrzahl auf.

3 Finde die beiden Reimwörter aus **2** . Schreibe sie in der Einzahl auf.

Sternenforscher-Ecke

4 Lies die Wörter.

Herr	Metall	Sinn	Schal	Korb

Brot	Schnitt	Urlaub	Weg	Wind

> Achtung, Aufpass-Stellen am Wortende!
> d, g, b, ll, tt, ...

5 Schreibe die Wörter auf Kärtchen.

6 Markiere die Aufpass-Stellen orange.

7 Sortiere deine Wörter:
Mitsprechwörter und Wörter mit Aufpass-Stellen.
Führt ein Rechtschreibgespräch.

S. 128

8 Schreibe die Wörter aus **4** als
■ Abschreibwörter ■ Schleichdiktat ■ Partnerdiktat.

S. 129

Das kann ich jetzt
Sternenforscher-Ecke

Rechtschreibstrategien anwenden:
Mitsprechen, Weiterschwingen;
über Lernen sprechen: Lernerfahrungen reflektieren

> Methoden, S. 124/128
> AH, S. 32 (Sternenforscher)
> AH, S. 33 (Das kann ich jetzt)

53

Meinungen äußern

1 Erzähle.

2 Lies die Sprechblasen.

> Ich möchte gern Astronaut werden, weil ich in den Weltraum fliegen kann. Ich finde das toll, weil ich dann die Erde von oben sehen kann.

> Ich möchte gern Astronautin werden, weil ich dann berühmt bin.

3 Wovon träumst du?
Begründe mit mehreren Sätzen.
Schreibe so: Ich will ... werden, weil ...

Erzählregeln
Ich erzähle laut und deutlich.
Ich schaue meine Zuhörer an.

4 Stelle deinen Traum vor.
Nenne deine Gründe.

5 Stellt eure Träume in der Klasse vor.
Stellt dazu Fragen.

Geschichten in der richtigen Reihenfolge erzählen

1 Lies die Sätze. Was fällt dir auf?

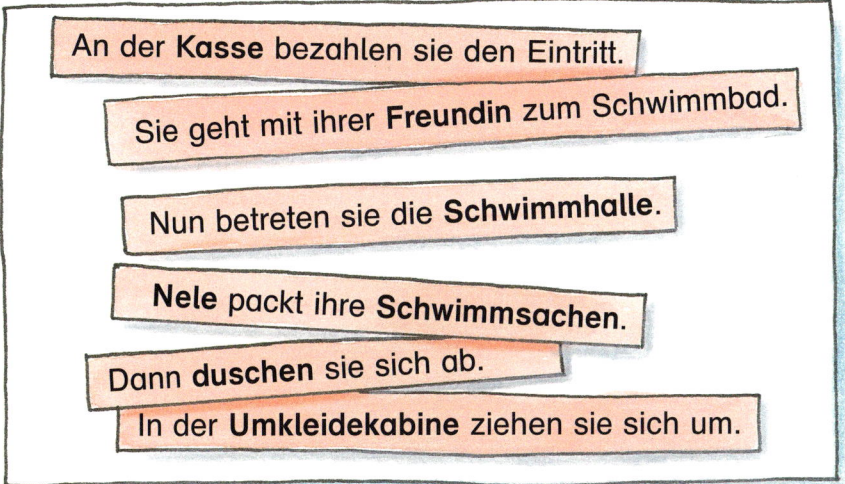

An der **Kasse** bezahlen sie den Eintritt.

Sie geht mit ihrer **Freundin** zum Schwimmbad.

Nun betreten sie die **Schwimmhalle**.

Nele packt ihre **Schwimmsachen**.

Dann **duschen** sie sich ab.

In der **Umkleidekabine** ziehen sie sich um.

Stichwörter helfen dir, eine Geschichte nachzuerzählen.

2 Schreibe die Sätze auf Papierstreifen.
Sortiere sie in der richtigen Reihenfolge.
Kreise die fett gedruckten Wörter aus **1** ein.

3 Erzähle die Geschichte mithilfe
der eingekreisten Wörter nach.

---

4 Erzähle.

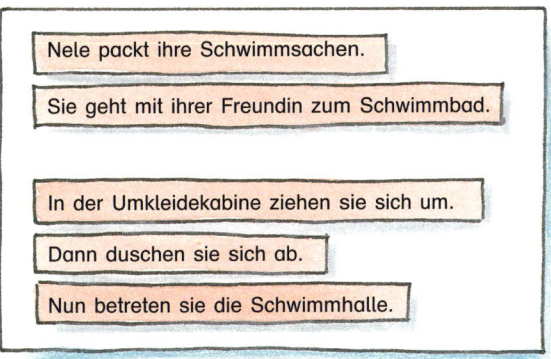

Nele packt ihre Schwimmsachen.

Sie geht mit ihrer Freundin zum Schwimmbad.

In der Umkleidekabine ziehen sie sich um.

Dann duschen sie sich ab.

Nun betreten sie die Schwimmhalle.

An der Kasse sitzt ein Känguru.
Es begrüßt sie freundlich.
Sie bezahlen und wundern sich:
Was ist hier los? ...

5 Legt die Satzstreifen aus **2** vor euch hin.
Nehmt einen Streifen weg.
Erfindet dafür ein ungewöhnliches Ereignis. Erzählt.

6 Nehmt andere Streifen weg.

Eine Geschichte planen

1 Erzähle.

Pause

eingeschlossen

Hilfe

2 Lies und erkläre.

Schreibidee:	Eingeschlossen in der Toilette
Einleitungssatz:	So ein Mist! Ronja war in der Toilette eingeschlossen und kam nicht mehr heraus.
Was nun?	Ronja kniete sich auf dem Boden und schaute unter der Tür durch. Sie hörte, wie ihre Mitschüler nach der Pause zurück in die Klasse liefen.
Was nun?	*Ronja unternahm etwas:* *(Entscheide dich für eine Möglichkeit!)* ▮ Ronja rief um Hilfe und klopfte an die Tür. ▮ Ronja öffnete das Fenster. ▮ Ronja versuchte die Tür aufzubrechen.
Was nun?	*Ronja wurde befreit/befreite sich selbst. (Entscheide dich!)* ▮ Kinder kamen auf die Toilette und hörten Ronja. ▮ Das Putz-Team fand Ronja am Nachmittag. ▮ ...
Ende:	...

S. 125 **3** Schreibe die Geschichte. Nutze die Ideen aus **2**.

Texte planen: Schreibideen entwickeln, mit dem Schreibplan arbeiten; Texte schreiben: Inhalte strukturieren, nach Anregungen (Bild) eigene Texte schreiben

> AH, S. 34
> Ideenblitze, S. 125
> Schreibplan. S. 125

Eine passende Überschrift finden

1 Lies Momos Geschichte.

> Der Schultag
> Gestern war ich in der Schule.
> Keiner hat mich gefunden.
> Dann klingelte es und die Pause war zu Ende.
> In der Pause haben wir Verstecken gespielt.
> Ich habe gewonnen.
> Ich habe mich auf der Toilette versteckt.

Die Idee gefällt mir.

Passt die Überschrift?

Stimmt die Reihenfolge?

2 Was fällt euch auf? Führt eine Leseversammlung durch.

S. 127

3 Welche Überschrift passt zu Momos Geschichte?
Begründe.

Pausenspiele   Ein tolles Versteck   ...

4 Überarbeite Momos Geschichte.
Schreibe sie mit einer passenden Überschrift
und in der richtigen Reihenfolge auf.

5 Lies die Geschichten.

> Ich fuhr mit meinem Freund zum
> Sportplatz. Da hörten wir ein klägliches
> Miauen. Eine Katze saß auf einem
> hohen Baum und kam nicht mehr
> herunter. Wir riefen die Feuerwehr.
> Sie rettete die Katze.

> Am Freitag wanderten wir nachts
> durch den Park. Plötzlich ging meine
> Lampe aus. Es war stockdunkel.
> Hinter mir war ein lautes Geräusch.
> Ich bekam Angst und schrie.
> Doch es war nur meine Freundin.

6 Suche dir eine Geschichte aus
und schreibe passende Überschriften auf.

Texte verfassen   Texte schreiben: eine passende Überschrift finden;   > AH, S. 34   **57**
Texte überarbeiten: Rückmeldungen für die Überarbeitung   > Leseversammlung, S. 127
nutzen (Leseversammlung)

Verben kennenlernen

1 Erzähle.

Name				
Pippi			X	
Kari	X			
Asterix	X	X		
Bibi			X	X

2 Spielt vor, was jeder tut. Ratet.

Wörter wie reiten, lesen, trinken, zaubern heißen **Verben**.
Verben sagen, was jemand *tut* oder was *geschieht*.

3 Lies die Sätze.
Schreibe sie mit den passenden Verben aus **1** auf.
Unterstreiche, was jeder tut.

> Pippi und Bibi ▮ wie der Wind.
> Asterix und Kari ▮ spannende Bücher.
> Bibi ▮ tolle Dinge.
> Asterix ▮ den Zaubertrank.

4 Schreibe auf, was die Helden in **1** tun.
Schreibe so: Pippi reitet. ...

- -

5 Schreibe auf, was du gerne tust.
Schreibe so: Ich ...

Verben kennenlernen

1 Lies die Sätze.

> Ich <u>male</u> einen Zauberer.   Timo <u>malt</u> einen König.
>
> Wir <u>malen</u> einen Clown.   Wen <u>malst</u> du?

2 Betrachte die unterstrichenen Wörter. Was fällt dir auf?

> Verben verändern sich. Es kommt darauf an, *wer* etwas tut.
> ich·mal⯈e⯇ – du mal⯈st⯇ – er/sie/es mal⯈t⯇ – wir mal⯈en⯇
> ich, du, er/sie/es und wir sind Pronomen.
> Die Endungen ⯈e⯇, ⯈st⯇, ⯈t⯇, ⯈en⯇ sind **Wortbausteine**.

3 Schreibe das Verb in den Personalformen auf: **ich**, **du**, **er**, **wir**.

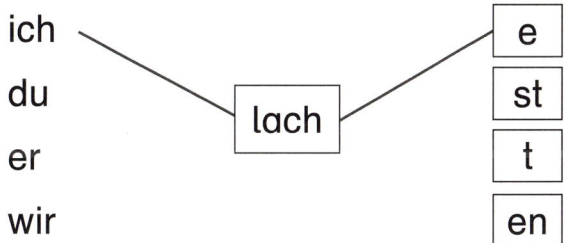

ich
du
er
wir

lach

e
st
t
en

> Hier arbeiten wir mit Bausteinen und nicht mit Silben.

> Der Baustein des Verbs, der meistens gleich bleibt, heißt Wortstamm.

4 Schreibe die Sätze ab. Unterstreiche die Verben. Markiere jeweils die Endung.

> Ich baue eine Burg.   Was baut er?   Chris baut ein Schloss.
>
> Wir bauen gern.   Was baust du?   Sie baut auch.

5 Diese Verben stehen in der Grundform.
Schreibe sie in den Personalformen mit **ich**, **du**, **er** und **wir** auf.

> rufen   winken   kochen   hüpfen   schreien   holen   ...

Verben weiterschwingen

1 Erzähle.

Schreibe ich
frakt oder fragt?

Du musst weiterschwingen:
wir fragen – fragt, also g.

S. 128

2 Lies die Sätze.
Welche Buchstaben gehören in die Lücken? Erkläre.

Malte fra^k_gt. Sofie gi^p_bt ihm die Antwort. Ole lo^p_bt sie.

3 Schreibe die Verben in der wir-Form auf.
Schreibe so: springt – wir springen, ...

springt   denkt   bleibt   schreibt   trinkt   klebt   lügt   sagt

4 Was tut Kari? Schreibe die Sätze richtig auf.
Schreibe so: am Strohhalm saugen – Er saugt am Strohhalm. ...

am Strohhalm saugen   in der Luft schweben   im Wald toben
die Lehrerin fragen   im Haus leben   eine Maus jagen

5 Schreibe die Sätze auf. Was fällt euch auf?

Der Anker sin█t bis auf den Meeresgrund.
Die Klasse 2c sin█t ein Lied.

60

60   Richtig schreiben

rechtschriftliche Kenntnisse anwenden:
Verben mit Inlautverhärtung schreiben;
Rechtschreibstrategien anwenden: Weiterschwingen

> AH, S. 36
> Rechtschreibgespräch, S. 128

Verben mit Doppelung und h weiterschwingen

1 Welche Buchstaben gehören in die Lücken?
Erkläre. 🗣

S. 128

> Ole re$^{n}_{nn}$t nach Hause. Samira su$^{m}_{mm}$t ein Lied.

2 Würfele mit zwei Würfeln. Schreibe Sätze auf.

⚀	ich	⚀	rollen
⚁	du	⚁	schwimmen
⚂	Ali	⚂	rennen
⚃	Nele	⚃	gewinnen
⚄	das Kind	⚄	brüllen
⚅	wir	⚅	wippen

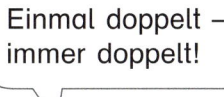

Einmal doppelt – immer doppelt!

3 Welche Buchstaben gehören in die Lücken?
Erkläre. 🗣

> Im Zirkus ste$^{h}_{h}$t ein Zauberer. Er ge$^{h}_{h}$t zu Mandy.

4 Schreibe die Verben in der ich-Form, du-Form und er-Form auf.

| stehen | gehen | leihen | drehen | glühen | mähen | nähen |

> Wenn ich nicht sicher bin, wie ein **Verb** geschrieben wird,
> hilft die **wir-Form** oder **Grundform**. Ich schwinge weiter.
> er fragt – wir fragen, du kommst – wir kommen, er geht – wir gehen

Richtig schreiben   rechtschriftliche Kenntnisse anwenden: > AH, S. 37   **61**
Verben mit Doppelung und silbeninitialem h schreiben;   > Rechtschreibgespräch, S. 128
Rechtschreibstrategien anwenden: Weiterschwingen

Das kann ich jetzt

1 Schreibe die fünf Nomen und die fünf Verben auf.
Schreibe so: Nomen: ... Verben: ...

BAUEN ZELT GEHT SCHLOSS DENKEN BURG

ZAUBERER EULE SCHWEBT ZAUBERT

2 Schreibe die Verben in der Personalform
mit **ich**, **du**, **er** und **wir** auf.
Markiere jeweils die Endung.

schwingen glauben gewinnen kommen flehen

3 Lies die Sätze.
Schreibe sie richtig auf.

Er pfle$\overset{k}{g}$t sein Pony.

Imke we$\overset{p}{b}$t einen Teppich.

Die Flagge we$\overset{h}{h}$t im Wind.

Sam schen$\overset{k}{g}$t Oma eine Blume.

Er he$\overset{p}{b}$t einen Stein auf.

Er lei$\overset{h}{h}$t sich einen Anspitzer.

4 Schreibe die Verben auf.
Setze den passenden doppelten Mitlaut ein.

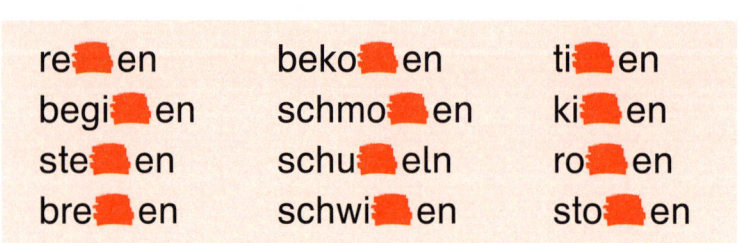

re▮en beko▮en ti▮en
begi▮en schmo▮en ki▮en
ste▮en schu▮eln ro▮en
bre▮en schwi▮en sto▮en

5 Schreibe die Verben aus **4** in der er-Form auf.

Inhalte des Kapitels wiederholen;
Lernerfolg einschätzen; Weiterarbeit reflektieren

> AH, S. 39 (Das kann ich jetzt)

1 Lies den Anfang der Geschichte.
Schreibe weiter.

> Am Nachmittag ging Jan zu Maria.
> Ihre Eltern waren nicht zu Hause.
> Plötzlich hörten beide ein lautes,
> unheimliches Geräusch.
> Was war das?
> Maria und Jan kletterten die Treppe
> zum Dachboden hinauf.
> ...

2 Finde eine passende Überschrift zu deiner Geschichte aus **1** .

Sternenforscher-Ecke

3 Lies den Text.

> Marie bringt die Wetterkarte .
> Heute gibt es noch Regen.
> Es droht sogar ein Gewitter .
> Nun soll sie lieber im Haus bleiben.

Achtung,
Aufpass-Stellen
gibt es auch
mitten im Wort!

4 Schreibe die markierten Wörter auf Kärtchen.

5 Markiere die Aufpass-Stellen.

6 Sortiere deine Wörter:
Mitsprechwörter und Wörter mit Aufpass-Stellen.
Führt ein Rechtschreibgespräch.

S. 128

7 Schreibe die Sätze aus **3** als
Abschreibtext Schleichdiktat Partnerdiktat.

S. 129

Das kann ich jetzt
Sternenforscher-Ecke | Rechtschreibstrategien anwenden: Mitsprechen, Weiterschwingen; über Lernen sprechen: Lernerfahrungen reflektieren | > Methoden, S. 124/128
> AH, S. 38 (Sternenforscher)
> AH, S. 39 (Das kann ich jetzt) | 63

Zu einem Thema erzählen

1 Erzähle.

2 Suche dir ein Tier aus. Was gefällt dir an diesem Tier?

3 Erzähle einem Partnerkind von dem Tier.
Beantworte seine Fragen. 👥

4 Nun erzählt das Partnerkind.
Stelle ihm Fragen. 👥

Zuhörregeln:
1. Ich höre zu.
2. Ich schaue das Kind an.
3. Ich schaue freundlich.
4. Ich gebe Rückmeldung.
5. Ich stelle Fragen.

5 Beschreibe dein Lieblingstier.

zu anderen sprechen: erzählen und informieren;
verstehend zuhören: Fragen verstehen,
beantworten und stellen

> Zuhörregeln, S. 123

Sich informieren / Fachbegriffe erklären

1 Erzähle.

> Haflinger sind braune Pferde mit heller Mähne und hellem Schweif. Sie erreichen eine Größe von 133 - 155 cm. Man sollte das Fell der Haflinger regelmäßig striegeln und ihre Hufe auskratzen. Haflinger fressen Heu, Stroh und Gras. Sie brauchen nur wenig Kraftfutter. Sie leben im Stall oder auf der Weide. Haflinger brauchen regelmäßig Bewegung.

Oberbegriffe:
Name
Aussehen
Lebensweise
Nahrung
Pflege

2 Lies die Informationen.
Ordne sie den Oberbegriffen zu.

3 Lies die Fachbegriffe.
Ordne sie den Erklärungen zu.

striegeln

> Es ist aus Nylon oder Leder. Pferde tragen es am Kopf und Hals. Mit ihm und einem zusätzlichen Strick kann man ein Pferd führen. Daran müssen Pferde erst gewöhnt werden.

Halfter

> Zur Pferdepflege gehört eine besondere Bürste (Striegel). Damit wird das Fell gebürstet. Das dient der Reinigung des Fells und ist eine Massage für das Pferd.

4 Was bezeichnet man in der Pferde-Fachsprache als Fuchs?
Informiere dich in Büchern oder im Internet.

5 Lara möchte in ihrer Klasse über Haflinger berichten.
Beratet euch, worauf sie beim Vortragen
besonders achten muss.

Sprechen und zuhören | zu anderen sprechen: Sachverhalte verständlich darstellen, Informationen nach Oberbegriffen strukturieren; funktions-angemessen sprechen: Fachbegriffe nutzen

65

Einen Steckbrief schreiben

1 Lies die Texte.

Neonfische fallen in jedem Aquarium durch ihre leuchtend bunten Streifen am Körper auf. Sie gehören zu den beliebtesten Zierfischen. Neonfische werden bis zu 4 cm lang.
Sie verstecken sich sehr gern in Wasserpflanzen und leben in einem Schwarm. Gefüttert werden sie mit Zierfisch-Futter. Das erhält man im Zoo-Fachgeschäft.
Das Aquariumwasser muss oft kontrolliert und gesäubert werden. Es sollte eine Temperatur von 20°C bis 24°C haben.

2 Vergleiche die Texte.
Was fällt dir auf?

Steckbrief
Name: Neonfisch
Aussehen: – bis zu 4 cm lang
                 – leuchtend bunte
                   Streifen am Körper
Lebensweise: – Aquarium mit
                   Wasserpflanzen
                 – 20°C bis 24°C
                   warmes Wasser
                 – lebt im Schwarm
Nahrung: Zierfisch-Futter
Pflege: – füttern
                 – Aquarium säubern
                 – Wasser kontrollieren

---

3 Lies den Text.

Zierschildkröten können sehr alt werden. Sie werden zirka 15 cm lang. Sie leben im Aquarium. Ihr Körper hat interessante Muster. Sie brauchen auch einen trockenen Bereich, in dem sie sich aufhalten können. Außer Schildkröten-Futter fressen sie gern Salat und Fischstückchen. Sie brauchen warmes und sauberes Wasser und eine Wärmelampe.

4 Ordne die markierten Stellen den Oberbegriffen zu.

S. 126 **5** Schreibe einen Steckbrief über Zierschildkröten.

Texte verfassen | Texte planen: Stichwörter zu Oberbegriffen sammeln, Verwendungszusammenhänge klären; Texte schreiben: nach Mustern schreiben (Steckbrief) | > AH, S. 40
> Texte schreiben, S. 126

Einen Steckbrief veröffentlichen

1 Lies den Steckbrief.
Was fällt euch auf?

2 Schreibe einen Steckbrief über ein Tier.

Tier-Steckbriefe gestalten
1. Ich schreibe mit leserlicher Schrift.
2. Meine Überschrift ist gut zu erkennen.
3. Ich benutze Oberbegriffe und Stichwörter.
4. Ich male oder klebe Bilder auf.

3 Informiere andere mithilfe deines Steckbriefes.

4 Führt eine Leseversammlung durch.
Gebt euch Rückmeldung.

S. 127

5 Erstellt eine Tier-Kartei für eure Klasse.

S. 126

Adjektive kennenlernen

1 Erzähle.

rosa   klein   alt   weich   groß   bunt

2 Beantworte die Fragen.
Schreibe so: Wie ist der Hahn? Der Hahn ist bunt.

Wie ist der Hahn?	Wie ist das Mauseloch?
Wie ist der Stall?	Wie ist das Schwein?
Wie ist das Pferd?	Wie ist das Schaf?

Adjektive sagen, **wie** etwas ist.
Wie ist der Löwe?   Der Löwe ist wild.

> Zu den meisten Adjektiven gibt es einen passenden Gegensatz: groß – klein.

3 Finde die Gegensatzpaare.
Schreibe so: alt – jung, groß – ...

alt	groß	leicht	richtig	falsch	müde
voll	jung	klein	schwer	wach	dick
hell	leer	dünn	traurig	dunkel	lustig

4 Finde weitere Gegensatzpaare. Schreibe sie auf wie in **3**.

Mit Adjektiven genau beschreiben

1 Lies das Tier-Rätsel. Was fällt dir auf?

Mein Tier läuft auf Tatzen.

Mein Tier hat Fell.

Mein Tier hat Zähne.

Mein Tier hat einen Schwanz.

2 Beschreibe so, dass man die Tiere erkennt.
Schreibe die Rätsel auf.

| groß | rund | gestreift | klein | schwarz | kurz | eckig | blau |
| lang | rot | gepunktet | spitz | scharf | gelb | braun | ... |

Mein Tier läuft auf ▉ Tatzen.

Mein Tier hat ▉ Fell.

Mein Tier hat ▉ Zähne.

Mein Tier hat einen ▉ Schwanz.

3 Lies die Tier-Rätsel anderer Kinder. Was fällt dir auf?

> Mit **Adjektiven** kannst du etwas genauer beschreiben.
> Wie ist der Löwe?   wild – der <u>wilde</u> Löwe – Der Löwe ist <u>wild</u>.

4 Beschreibe weitere Tiere. Die Adjektive helfen dir.

| groß | zahm | braun | klein | lustig | gefährlich | niedlich |
| wild | dick | weich | lockig | schnell | freundlich | ... |

5 Schreibe eine Tierbeschreibung auf.

Wörter mit ie weiterschwingen

1 Welche Nomen gehören zusammen?
Schreibe so: Brief – Briefe, ...

Ziel	Spiele	Tiere	Brief	Spiel
Tier	Sieb	Ziele	Siebe	Briefe

> Auch bei Wörtern mit **ie**
> hilft Weiterschwingen.
> Brief – Briefe;
> spielt – spielen

2 Schwinge die Verben weiter: liegt – wir liegen, ...

liegt	fliegt	spielt	liebt	schiebt
wiegt	zieht	flieht	riecht	schielt

> Manche Wörter haben
> mehrere Aufpass-Stellen.

liegt –
wir liegen

3 Schwinge die Adjektive weiter: tief – tiefe, ...

tief	schief	fies	lieb	mies

S. 128 **4** Schreibe die Sätze ab. Setze **i** oder **ie** ein.
Führt ein Rechtschreibgespräch.

> Eine Frau w▉gt K▉rschen.
> Ein Junge s▉ngt ein freches L▉d.
> Ein T▉r tr▉nkt Wasser.
> Das K▉nd sp▉lt mit Pap▉r.
> Das Ferkel qu▉kt.

5 Schreibe die Nomen mit Artikel auf.
Schwinge die Wörter mit Aufpass-Stellen weiter.

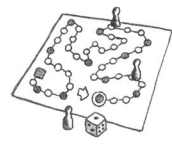     

Richtig schreiben

rechtschriftliche Kenntnisse anwenden: Wörter
mit langem i (ie) (geschlossene Silbe) schreiben;
Rechtschreibstrategien anwenden: Weiterschwingen

> AH, S. 42
> Rechtschreibgespräch, S. 128

Wörter mit ä und äu ableiten

1 Erzähle.

Schreibt man Mäuse oder Meuse?

Hier hilft Ableiten. Mäuse kommt von Maus, also äu!

Und was ist mit  ? Das klingt wie e!

Das geht genauso. Bänke kommt von Bank, also ä!

2 Lies die Wörter.
Welche Wörter gehören zusammen? Erkläre.

Rennmäuse
HALTEN | PFLEGEN | BESCHÄFTIGEN

S. 128

Häuser	Laus	Schwänze	Nacht
Läuse	Bauch	Nächte	Apfel
Bäuche	Haus	Äpfel	Schwanz

In vielen **ä** oder **äu** Wörtern ist ein verwandtes Wort mit **a** oder **au** versteckt. Du musst es suchen.
Das nennt man **Ableiten**.

Mäuse – Maus – Mäuse   Näpfe– Napf – Näpfe

3 Leite die Wörter aus **2** ab.
Schreibe so: die Häuser – das Haus, ...

4 Schreibe die Wörter auf. Leite sie ab.

   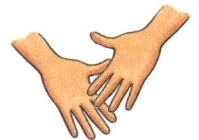  

Das kann ich jetzt

1 Schreibe Oberbegriffe für einen Tier-Steckbrief auf.

---

2 Schreibe die Nomen mit bestimmtem Artikel auf.

DRECKIG	LEISE	HORN	ECKIG	TROCKEN	SCHWER
TEUER	HUF	LANG	KRANK	SCHWANZ	HELL

3 Schreibe die Gegensätze zu den Adjektiven aus **2** auf.
Schreibe so: dreckig – sauber, ...

---

4 Beschreibe die Tiere mit passenden Adjektiven.
Schreibe so: Die Giraffe ist groß.

groß   dick   klein   flauschig   grün   stachelig   gefleckt   glitschig

---

5 Schwinge die Wörter weiter.
Schreibe so: liegt – wir liegen, ...

liegt   Spiel   Dieb   Ziel   piept   schiebt   Tier   quiekt

6 i oder ie? Schreibe die Sätze richtig auf.

Sonja l_{ie}ⁱbt das L_{ie}ⁱd.

Meine Oma ist l_{ie}ⁱb.

Ich schreibe einen Br_{ie}ⁱf.

Das Foto ist sch_{ie}ⁱf.

1 eu oder äu? Überprüfe und leite die Nomen ab.

Schreibe so: Läufer – Lauf

Beutel – Beutel

L$_{äu}^{eu}$fer   B$_{äu}^{eu}$tel   Z$_{äu}^{eu}$ne   H$_{äu}^{eu}$ser   B$_{äu}^{eu}$le   B$_{äu}^{eu}$me

2 e oder ä? Überprüfe und leite ab.

L$_ä^e$nder   Pl$_ä^e$ne   Zw$_ä^e$rge   St$_ä^e$rne   B$_ä^e$lle   Schw$_ä^e$ne

Sternenforscher-Ecke

3 Lies den Text.

Farit liebt seine Mäuse .
Er pflegt sie gewissenhaft .
Er macht oft die Näpfe sauber.
An das Gitter klemmt er
frisches Gemüse und Äpfel .
Die Tiere kommen schnell
und fressen alles auf.

> Achtung: mitsprechen, weiterschwingen oder ableiten.

4 Schreibe die markierten Wörter auf Kärtchen.

5 Markiere die Aufpass-Stellen.

6 Sortiere deine Wörter:
Mitsprechwörter und Wörter mit Aufpass-Stellen.
Führt ein Rechtschreibgespräch. 🗨️🗨️

S. 128

7 Schreibe die Sätze aus ❸ als
▪ Abschreibtext ▪ Schleichdiktat ▪ Partnerdiktat.

S. 129

Das kann ich jetzt
Sternenforscher-Ecke
Rechtschreibstrategien anwenden: Mitsprechen,
Weiterschwingen, Ableiten;
über Lernen sprechen: Lernerfahrungen reflektieren
> Methoden, S. 124/128
> AH, S. 44 (Sternenforscher)
> AH, S. 45 (Das kann ich jetzt)
73

Von Lesegewohnheiten berichten

1 Erzähle.

2 Wo liest du? Erzähle.

3 Was liest du gerne? Stelle es vor.

Sprechen und zuhören | zu anderen sprechen: erzählen;
mit Medien umgehen: von eigenen Lesegewohnheiten
berichten und sich über Gelesenes austauschen

Über Bücher sprechen

1 Erzähle.

 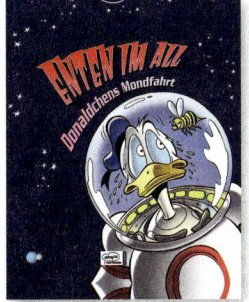 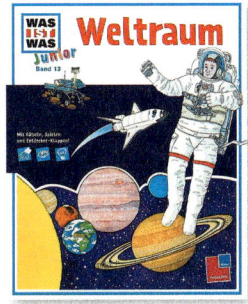 

> In der Bücherei finde ich verschiedene Bücher: Bilderbücher, Sachbücher, Comics, Hörbücher, Kinderbücher, …

2 Sortiere die Bücher aus **1**.
Schreibe so:
Bilderbücher: Das Monster vom blauen Planeten
Sachbücher: …

3 Ergänze weitere Bücher zu **2**.

---

4 Ali stellt sein Buch vor. Erzähle.

> Besonders witzig finde ich, wie der Außerirdische Bobbi spricht.

Mein Buch
Titel: Der kleine Drache Kokosnuss im Weltraum
Autor: Ingo Siegner
Figuren: Kokosnuss und seine Freunde
              der Fressdrache Oskar
              das Stachelschwein Matilda
Das Buch gefällt mir, weil es lustig und spannend ist.

5 Leihe dir ein Buch aus. Stelle es vor.

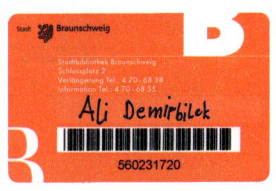

Sprechen und zuhören | zu anderen sprechen: informieren;
mit Medien umgehen: Bücher vorstellen,
Lesefähigkeiten und Leseerfahrungen erwerben

75

Schreibideen auswählen

1 Lies die Sätze und erzähle.

Nach einem langen Flug landet das Raumschiff in einem

    .

Die Tür öffnet sich und ein/eine

steigt aus. In der Hand hält er/sie einen/eine

    .

Er/Sie trifft ein Kind und sagt: „Ich habe mich verirrt.

Ich suche einen/eine

    .

Kannst du mir helfen?" Das Kind ruft: „Ja!"

Gemeinsam machen sie sich auf die Suche.

2 Plane deine Geschichte.
Schreibe den Anfang der Geschichte auf.
Entscheide dich jeweils für eine Möglichkeit.
Schreibe so: Nach einem langen Flug ...

Was nun?
Was nun?
Was nun?

Eine Fantasiegeschichte fortsetzen

1 Schreibe die Geschichte von Seite 76 weiter.

S. 126

2 Finde eine Überschrift für deine Geschichte.

3 Führt eine Leseversammlung durch.

S. 127

4 Überarbeite deine Geschichte aus **1**.
Nutze die Tipps deiner Leseversammlung.

5 Schreibe eine neue Geschichte
mit den Ideen von Seite 76.
Führt eine weitere Leseversammlung durch.

6 Sammelt die Geschichten in einem Geschichtenheft.

Unregelmäßige Verben kennenlernen

1 Wer stellt sich hier vor? Lies das Rätsel.

Ich trage einen Taucheranzug.

Ich habe blaue Punkte im Gesicht.

Ich esse gerne Würstchen mit Senf.

Ich treffe heute Herrn Taschenbier.

Ich halte nie Regeln ein. Ich bin ...

2 Schreibe das Rätsel um und trage es vor.
Schreibe so: Es trägt einen Taucheranzug. Es ...

trägt	hält	isst
ist	hat	trifft

3 Schreibe die Verben aus **2** auf.
Markiere, was sich verändert: ich trage — es trägt, ...

Manche Verben ändern im Wortstamm ihren **Selbstlaut** (Vokal).

wir | trag |en — du | träg |st — es | träg |t, wir | ess |en — du | iss |t — er | iss |t

---

4 Welche Verben gehören zusammen?
Markiere, was sich verändert: ich grabe — er gräbt, ...

graben	es hilft
fallen	sie spricht
sprechen	du fällst
helfen	er gräbt

waschen	sie sieht
messen	er wirbt
sehen	du wäschst
werben	es misst

5 Ergänze die fehlenden Verbformen.
Schreibe so: ich werfe, du ..., er ..., wir ...

werfen   schlagen   lesen   laufen   knallen   fahren   sehen   ...

Sprache untersuchen

sprachliche Strukturen kennen und anwenden: Verben
(unregelmäßig) kennenlernen; an Wörtern arbeiten:
Möglichkeiten der Wortbildung kennen (Wortstamm)

> AH, S. 47

Wortfamilien kennenlernen und ordnen

1 Lies die Sätze. Was fällt dir auf?

> Eberhard ist der **Freund** von Franz.
>
> Gabi ist seine beste **Freundin**.
>
> Aber Eberhard und Gabi sind nicht **befreundet**.
>
> Gabi ist oft **unfreundlich** zu Eberhard.
>
> Können sie sich auf der Klassenfahrt **anfreunden**?

2 Schreibe die fett gedruckten Wörter aus **1** ab.
Markiere den Teil in den Wörtern, der hier immer gleich bleibt.

> Wörter mit dem gleichen **Wortstamm**
> sind die **Verwandten** einer **Wortfamilie**.
>
> Freund , Freund in, be freund et, Freund schaft, freund lich

3 Schreibe die Wörter
nach Wortfamilien geordnet auf.
Markiere den Wortstamm.

> Der Wortstamm hilft mir,
> die verwandten Wörter einer
> Wortfamilie richtig zu schreiben.

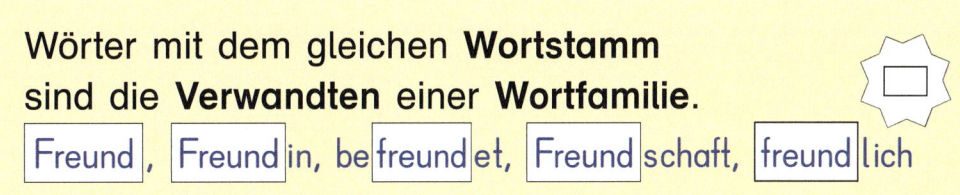

> Gehweg   Stehplatz   versteht   es geht   aufstehen
> vorgehen   anstehen   Gehstock   sie steht   aufgehen

4 Schreibe die Wortfamilien auf.
Welches Wort passt nicht?

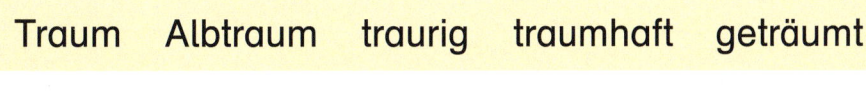

> Traum   Albtraum   traurig   traumhaft   geträumt

> verlaufen   läuft   läuten   Läufer   Laufrad   Läuferin

> Schläfer   verschlafen   schlaflos   Schäferin   schläft

Wörter mit ä und äu ableiten

1 Erzähle.

Räuber Grapsch! Warum schreibt man Räuber mit äu und nicht mit eu?

Das ist schwierig!

Hier musst du auch ein verwandtes Wort suchen.

Mir fällt eins ein! Räuber kannst du von rauben ableiten, also Räuber mit äu.

2 Suche die verwandten Wörter mit **a** oder **au**.
Schreibe so: quälen – die Qual, ...

quälen	täglich	Käufer	träumen

Jäger	läuten	Rätsel	säubern

---

3 Schreibe die Sätze ab. Setze **äu** oder **ä/Ä** ein.

Ollo tr^e/_ägt Post in die H^{eu}/_{äu}ser.

Tilli sch^e/_ält die ^E/_Äpfel.

Der G^e/_ärtner bew^e/_ässert die Str^{eu}/_{äu}cher.

Herr Rossi kauft das Gem^e/_älde von R^{eu}/_{äu}ber Grapsch.

Strauch, rauben, Apfel, Wasser, Haus, Schale, tragen, Garten, malen

Diese Wörter können helfen.

4 **e** oder **ä**? **eu** oder **äu**? Leite ab und schreibe auf.

f^e/_älschen	aufr^{eu}/_{äu}men	Br^e/_äzel	F^{eu}/_{äu}er	Gesch^e/_änk

Wörter mit V/v merken und nachschlagen

1 Erzähle.

Warum schreibt man **V**ulkane eigentlich mit **V**? Ich höre doch am Anfang ein **w**.

Du kannst nicht erklären, warum **V**ulkan mit **V** geschrieben wird. Das Wort musst du nachschlagen und dir merken.

2 Sprich die Wörter und ordne sie danach, was du hörst.
Markiere die Aufpass-Stelle **V/v** rot.
Schreibe so: Ich höre w und schreibe V oder v: **V**ulkan, ...
Ich höre f und schreibe V oder v: **V** ...

| Vulkan | Vater | Violine | viel | Versteck | Video | vorbei | brav |

Wörter mit **V/v** sind **Merkwörter**.
Bin ich mir nicht sicher, wie das Wort geschrieben wird,
schlage ich in der Wörterliste nach.
Merkwörter muss ich mir merken: **V**orhang, **V**ampir, **v**oll, **v**om

3 Schlage die Wörter in der Wörterliste nach.
Schreibe sie mit Seitenzahl auf.
Schreibe so: **V**eilchen S. 138, ...

Findest du ein Wort in der Wörterliste unter V/v nicht, suche unter F/f oder W/w.

Das kann ich jetzt

1 Überarbeite die Geschichte.

> <u>Kari ging ins Kino</u>
> Und dann landete das Ufo.
> Und dann fand Kari einen Freund.
> Und dann stieg Kari aus.
> Das Ufo flog durch das All.

2 Schreibe die Wortfamilie auf. Welches Wort passt nicht?

> kaufen   käuflich   kauen   Kaufmann   Verkäuferin   einkaufen

3 Schreibe die zwei Wortfamilien geordnet auf.
Markiere jeweils den Wortstamm.

> Lesebuch   Bücherei   lesen   Buchstabe   Buch
> leserlich   Wörterbuch   liest   buchen   vorlesen

4 Leite ab. Ordne die verwandten Wörter zu.
Markiere den Wortstamm.
Schreibe so: |ält|er − |alt|, …

> älter   bläst   blasen   saugen
> säubern   Säugling   alt   sauber

5 Suche die verwandten Wörter mit **a** oder **au**.
Schreibe so: ängstlich kommt von Angst, also ä, …

> ängstlich   B cker   kr ftig   tr men   sch men   Erk ltung

Inhalte des Kapitels wiederholen;
Lernerfolg einschätzen; Weiterarbeit reflektieren

> AH, S. 51 (Das kann ich jetzt)

1 Setze die Wörter ein und schreibe die Sätze ab.
Markiere die Aufpass-Stellen in Merkwörtern rot.

Eva sitzt auf der  einer alten .

Sie liest ein spannendes Buch über .

Die  zwitschern laut in den Bäumen.

Das macht sie ganz .

Darum  Vera, sie zu .

Vampire
Veranda
verscheuchen
nervös
versucht
Villa
Vögel

Sternenforscher-Ecke

2 Lies den Text.

Das kaputte Raumschiff qualmt

und zischt vor der Tür.

Der Außerirdische lässt die Schultern hängen.

Der Raumgleiter gehört seinem Vater.

Er hat doch versprochen,

das Ding heil zu lassen.

Aus einer Kiste zieht er neue Teile.

3 Schreibe die markierten Wörter auf Kärtchen.

4 Markiere die Aufpass-Stellen.

5 Sortiere deine Wörter.
Führt ein Rechtschreibgespräch.

Wenn du im Wort eine Stelle findest, die du nicht erklären kannst, markiere sie rot. Du musst sie dir merken.

S. 128

6 Schreibe die Sätze aus **2** als
 Abschreibtext  Schleichdiktat  Partnerdiktat.

S. 129

Das kann ich jetzt
Sternenforscher-Ecke

Rechtschreibstrategien anwenden: Mitsprechen,
Weiterschwingen, Ableiten, Merken;
über Lernen sprechen: Lernerfahrungen reflektieren

> Methoden, S. 124/128
> AH, S. 50 (Sternenforscher)
> AH, S. 51 (Das kann ich jetzt)

83

Bilder beschreiben

1 Wähle ein Bild aus. Beschreibe genau, was du siehst.

Bilder beschreiben
Ich lasse das Bild auf mich wirken.
Ich beschreibe den Hintergrund.
Ich beschreibe den Vordergrund.

2 Vergleiche die Bilder.

3 Wie fühlen sich die Personen? Was denken sie?

zu anderen sprechen: beschreiben, sich in eine
Situation hineinversetzen; Arbeitstechnik kennen:
Bilder beschreiben und vergleichen

Eine Diskussion führen

1 Lies die Sprechblase und erzähle.

> In meiner Lieblingsjahreszeit ist es manchmal noch warm. Häufig regnet und stürmt es. Wir feiern Sankt Martin und gehen mit unseren Laternen durch die Straßen. Vor dem Stoppelfeld lassen wir Drachen steigen. Die Blätter werden bunt. Ich sammele Kastanien und bastele Kastanienmännchen.

2 Wähle eine Jahreszeit. Erzähle.
Beantworte dabei diese Fragen. Die anderen müssen raten.

– Wie ist das Wetter?

– Welche Feste werden in dieser Jahreszeit gefeiert?

– Was kann man draußen machen?

– Was verändert sich in der Natur?

3 Die Kinder der Klasse 2b diskutieren. Erzähle.

> Ich finde den Frühling am besten, weil es wieder heller wird.

> Das kann ich gut verstehen.

> Es gibt viele bunte Blumen und wir feiern Ostern.

> Das kann ich nicht verstehen, denn im Frühling regnet es ganz oft.

4 Welche Jahreszeit findest du am besten? Begründe.
Diskutiert darüber!

Sprechen und zuhören | zu anderen sprechen: argumentieren;
Gespräche führen: eine offene Diskussion führen
(Lieblingsjahreszeit)

85

Eine Geschichte planen und schreiben

S. 125 **1** Plane eine Geschichte. Bearbeite die folgenden Schritte.

a) Entscheide dich für eine Schreibidee.

Schulausflug    Eine Reise mit Kari    Im Wald

b) Schreibe Ideenblitze zu deiner Schreibidee.

c) Plane deinen Text und schreibe einen Schreibplan.

Schreibplan
Schreibidee:
Ideenblitze:
Anfangssatz:
Was nun? Was nun? Was nun?
Ende:
Überschrift:

d) Schreibe deine Geschichte.

e) Finde eine passende Überschrift.

S. 127 **2** Führt eine Leseversammlung zu deiner Geschichte durch.

3 Schreibe eine weitere Geschichte.

Zeitreise    Im wilden Westen

Texte planen: Schreibideen entwickeln und nutzen,
mit dem Schreibplan arbeiten; Texte schreiben:
nach Anregungen eigene Texte schreiben

> Schreibplan, S. 125
> Leseversammlung, S. 127

Texte überarbeiten

1 Lies Ankes Text. Erzähle.

> <u>Mein schrecklicher Morgen</u>
>
> O nein, ich habe verschlafen!
>
> Ich hubbele in das Badezimmer.
>
> Angezogen hubbele ich die Treppe
>
> hinunter und hubbele in die Küche.
>
> Ich hubbele zur Schule,
>
> denn es ist schon ganz schön spät.
>
> Der Unterricht hat schon angefangen.
>
> Leise hubbele ich an meinen Platz.

Wortfeld: gehen

hüpfen   gehen

rennen   schleichen

flitzen   schlendern

laufen   schlurfen

S. 127

2 Schreibe den Text ab.
Ersetze **hubbele** durch
verschiedene passende Verben.

3 Führt eine Leseversammlung durch.

Alle Wörter, die eine ähnliche Bedeutung haben,
gehören zu einem **Wortfeld**.

4 Stellt die Verben aus dem Wortfeld **gehen** pantomimisch dar.

5 Finde die Verben aus dem Wortfeld **sagen**.
Schreibe so: Wortfeld sagen: sprechen, …

| sprechen | berichten | laufen | flüstern | reden | rufen | ... |
| erzählen | antworten | holen | beschreiben | fragen | hören | |

Satzglieder kennenlernen

1 Lies die Treppensätze.

Die Kinder spielen.

Die Kinder spielen heute.

Die Kinder spielen heute auf dem Rasen.

Die Kinder spielen heute auf dem Rasen Hockey.

2 Schreibe die Sätze ab.
Markiere farbig, was in jedem Satz dazukommt.

3 Verlängere diesen Satz.
Schreibe ihn als Treppensatz auf.

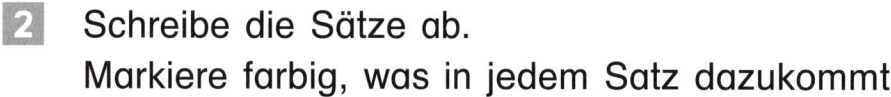

Tim baut.

Tim baut ▬.

Tim baut ▬ ▬.

Tim baut ▬ ▬ ▬.

eine Hütte

im Wald

nachmittags

4 Vergleicht eure Sätze.

5 Schreibe eigene Treppensätze.

- -

6 Verkürze diese Sätze. Schreibe jeweils vier Treppensätze auf.

Bu angelt morgens im See Fische.

Kari landet heute mit dem Ufo auf einem roten Stern.

7 Verkürze eigene Sätze.

Sprache untersuchen | sprachliche Strukturen kennen und anwenden: Satzglieder kennenlernen; an Sätzen arbeiten: sprachliche Operationen nutzen (ergänzen, weglassen, umstellen) | > AH, S. 53

Oberbegriffe kennenlernen und Nomen ordnen

1 Sortiere die Nomen zu den passenden Oberbegriffen.
Schreibe so: Monatsnamen: Januar, ...

 Monatsnamen    Spielzeuge    Kleidung

Januar	Ball	Schuhe	August	Unterhemd	Pullover
Socken	Hose	Schaufel	Oktober	Kuscheltier	Dezember
Roller	Schal	Quartett	Februar	September	Springseil

2 Schreibe zu den Oberbegriffen aus **1** eigene Nomen.

3 Wähle Oberbegriffe aus und finde dazu Wörter.
Schreibe so: Mädchennamen: Salome, Momo, ...

Mädchennamen   Lebensmittel   Farben

Jungennamen   Fahrzeuge   Eissorten

4 Finde passende Oberbegriffe. Ergänze.

a) Hund, Katze, Maus, Kuh, Schwein, Elefant

b) Spanien, Kanada, China, Syrien, Polen

c) Zange, Hammer, Bohrmaschine, Feile, Säge

d) Tee, Kaffee, Wasser, Limonade, Saft, Milch

> Unter einem Oberbegriff kannst du Wörter sammeln, die zusammengehören.

5 Finde einen eigenen Oberbegriff.
Schreibe dazu Wörter auf.

Adjektive weiterschwingen

1 Schwinge die Adjektive weiter.
Schreibe so: Der Ball ist rund. – der runde Ball, ...

Der Ball ist run^t_d.

Das Kind ist gesun^t_d.

Die Katze ist lie^p_b.

Das Wasser ist trü^p_b.

Das Wort klingt frem^t_d.

Der Winter ist sehr kal^t_d.

Das Regal ist schrä^k_g.

Die Blüte ist gel^p_b.

Jens ist star^k_g.

Die Haare sind blon^t_d.

2 Schreibe vollständige Sätze.
Schreibe so: Der kranke Hund schläft. ...

kran^k_g – Hund – schlafen

klu^k_g – Kind – lesen

wil^t_d – Tiger – brüllen

blin^t_d – Huhn – suchen – Körner

tau^p_b – Hahn – krähen – laut

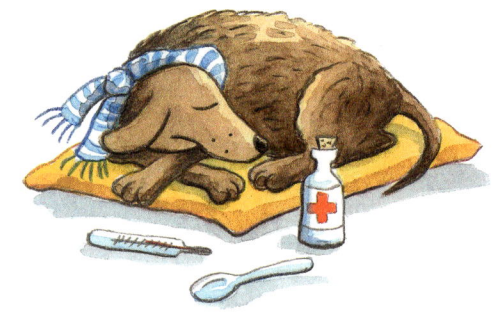

3 Schwinge weiter.
Schreibe so: der weiße Schnee, ...

| weiß | süß | groß | heiß |

| Schnee | Schreck | Hase | Fest | Saft | Pferd | Eis |
| Freude | Wasser | Wolke | Milch | Torte | Giraffe | Tee |

Richtig schreiben | rechtschriftliche Kenntnisse anwenden: Adjektive mit Auslautverhärtung und ß am Wortende schreiben; Rechtschreibstrategien anwenden: Weiterschwingen | > AH, S. 55

Wörter mit i merken

1 Erzähle.

2 Schlage die Merkwörter nach und schreibe sie auf.
Schreibe so: der Biber S. 131, ...

3 Schreibe die Merkwörter in Einzahl und Mehrzahl auf.
Kontrolliere die Mehrzahl mit der Wörterliste.
Schreibe so: die Apfelsine – die Apfelsinen S. 131, ...

Maschine	Mandarine	Kabine	Praline	Nektarine	Kusine
Apfelsine	Margarine	Rosine	Lawine	Gardine	Ruine

4 Schreibe mit den Merkwörtern dieser Seite Rätsel.
Schreibe die Lösung auf die Rückseite.

5 Spielt ein Ratespiel mit mehreren Kindern.

6 Übe die Merkwörter dieser Seite.

S. 130

Das kann ich jetzt

1 Schreibe einen Schreibplan.

Das ungerechte Fußballturnier

Das verlorene Katzenbaby

...

Schreibplan
Schreibidee:
Ideenblitze:
Anfangssatz:
Was nun?
Was nun?
Was nun?
Ende:
Überschrift:

2 Sortiere die Nomen. Finde passende Oberbegriffe.

Meise	Roller	Auto	Handball	Turnen	Wellensittich
Taube	Amsel	Bus	Hockey	Fahrrad	Tischtennis

3 Finde zu diesen Oberbegriffen Wörter.

Bäume   Schulsachen   Länder

4 Schreibe einen Treppensatz auf.

Ingo bastelt   einen Drachen   heute   in der Kunststunde

5 Verkürze die Sätze. Schreibe sie als Treppensätze auf.

Nikita tauscht jeden Tag mit Jona Sammelkarten.

Kevin tanzt morgen Hip-Hop auf dem Sommerfest.

6 Schwinge die Wörter weiter. Schreibe sie auf.

blin$\frac{t}{d}$ kal$\frac{t}{d}$ schrä$\frac{k}{g}$ bun$\frac{t}{d}$ gro$\frac{p}{b}$ kran$\frac{k}{g}$

1 Schlage die Wörter in der Wörterliste nach.
Schreibe sie mit Seitenzahl auf.
Markiere die Aufpass-Stellen.

2 Schreibe Sätze mit den Wörtern aus **1**.
Markiere die Aufpass-Stellen.

Sternenforscher-Ecke

3 Lies den Text.

Nele wird im Juni acht.

Sie darf sieben Kinder einladen.

Am Wochenende schreibt sie die Einladungen.

Mit Oma hat sie Blütenkarten gebastelt.

Sie sind rund und gelb.

Neles älterer Bruder ist neidisch.

Er hat erst im November seinen großen Tag.

> Achtung: mitsprechen, weiterschwingen, ableiten oder merken!

4 Schreibe die markierten Wörter auf Kärtchen.

5 Markiere die Aufpass-Stellen.

6 Sortiere deine Wörter.
Führt ein Rechtschreibgespräch.

S. 128

7 Schreibe die Sätze aus **3** als
 Abschreibtext  Schleichdiktat  Partnerdiktat.

S. 129

Das kann ich jetzt
Sternenforscher-Ecke

Rechtschreibstrategien anwenden: Mitsprechen,
Weiterschwingen, Ableiten, Merken;
über Lernen sprechen: Lernerfahrungen reflektieren

> Methoden, S. 124/128
> AH, S. 56 (Sternenforscher)
> AH, S. 57 (Das kann ich jetzt)

93

Medien kennenlernen

1 Erzähle und ordne zu.

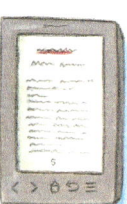

Medien:

Smartphone

Kinderzeitschrift

Fernseher

Computer

Tablet

Sachbuch

Spielekonsole

MP3-Player

CD-Player

Radio

DVD-Player

E-Book

2 Erkläre, wofür man diese Medien nutzt.

spielen/Unterhaltung   sich informieren   miteinander sprechen

3 Was nutzt du? Schreibe auf.

Sprechen und zuhören | zu anderen sprechen: argumentieren;
mit Medien umgehen: Medien als Anreiz zum Sprechen
und Schreiben nutzen

Über Fernsehen sprechen

1 Lies das Programm und erzähle.

Samstag

8:00 Sesamstraße
8:25 Caspar und Emma
8:40 Anna und die Haustiere
9:00 Kleiner roter Traktor
9:20 Ene mene Bu
9:30 Bernd das Brot
9:40 Doki
10:05 OLI's Wilde Welt
10:20 TanzAlarm

Sonntag

9:00 Tobi
9:25 Paula
9:50 Poppy Katz
10:15 Floris
10:25 Tom
10:40 Siebenstein
11:05 Löwenzahn
11:30 Die Sendung mit der Maus
12:00 König Drosselbart

2 Welche Sendung siehst du am liebsten? Begründe.

3 Erzähle.

4 Welche Regeln zur Mediennutzung gibt es in deiner Familie?
Erzähle.

Sprechen und zuhören | zu anderen sprechen: informieren; mit Medien umgehen: Medien als Anreiz zum Sprechen nutzen (z. B. Fernsehen), sich über persönliche Medienerfahrungen austauschen

95

Ein Akrostichon schreiben

1 Lies die Gedichte und erzähle.

M ailbox	**M** it der Maus markieren	
E -Book	**E** in Buch lesen	
D rucker	**D** ie Spielekonsole nutzen	
I nternet	**I** m Internet surfen	
E -Mail	**E** inen Film ansehen	
N otebook	**N** achrichten hören	

Ich habe ein Akrostichon geschrieben.

2 Was fällt dir auf? Erzähle.

3 Wähle einen Begriff. Schreibe ein Akrostichon.

TABLET   FERNSEHER   INTERNET

S. 127 **4** Führt eine Leseversammlung durch.

----

5 Erzähle und ordne die Begriffe zu.

Enter/Return   linke Maustaste   Umschalten/Großschreiben

Entfernen   Leertaste   rechte Maustaste

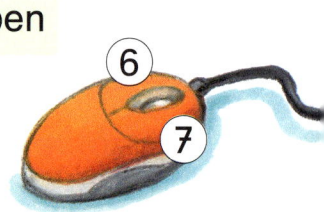

Texte verfassen | Texte schreiben: nach Mustern schreiben (Akrostichon); Texte überarbeiten: Texte an der Schreibaufgabe überprüfen | > AH, S. 58
> Leseversammlung, S. 127

Mit dem PC gestalten

1 Die Klasse 2a gestaltet ein Akrostichon. Erzähle.

2 Ordne die Begriffe zu.

Farbe

Schriftgröße

Fett

Unterstreichen

Schrift

Drucken

3 Gestalte dein eigenes Akrostichon.

> S. 127

Wortbausteine (Vorsilben) kennenlernen

1 Schreibe die Verben ab. Markiere die Wortbausteine am Anfang.
Schreibe so: |mit|spielen, ...

mitspielen	vorspielen	abspielen	anspielen	nachspielen
zuspielen	einspielen	verspielen	aufspielen	überspielen

2 Bilde mit den Bausteinen neue Verben.
Schreibe so: aufschreiben, ...

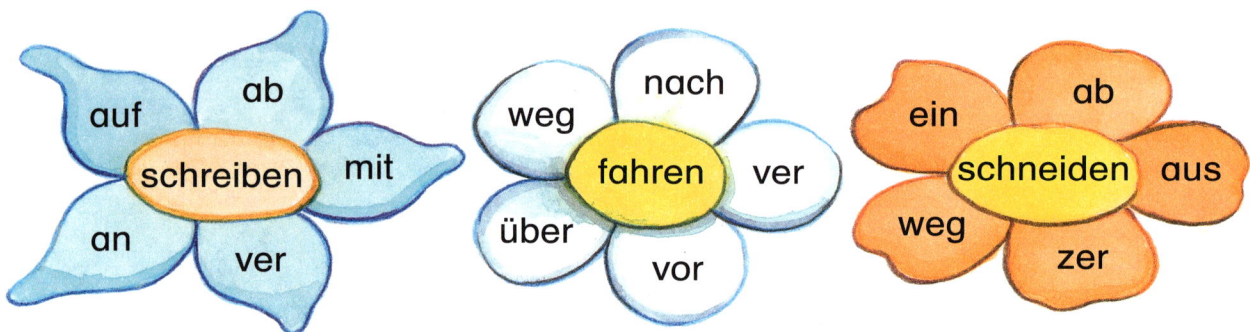

3 Erklärt die Bedeutung der Verben.

Vorangestellte Wortbausteine nennt man **Vorsilben**.
Sie verändern die Bedeutung von Wörtern.

---

4 Setze in die Sätze die passenden Vorsilben ein.
Schreibe die Sätze auf. Markiere die Verben.

Lisa und ihre Familie wollen ▮fahren.

Früh morgens wollen sie ▮fahren.

Als Papa das Auto ▮fährt, kommt Lisas Hund.

Er möchte gerne ▮fahren.

Damit Papa sich nicht ▮fährt, nimmt er sein Navi mit.

Sprache untersuchen | sprachliche Strukturen und Begriffe kennen und anwenden: Vorsilben und Wortbausteine kennenlernen; an Wörtern arbeiten: Möglichkeiten der Wortbildung kennen | > AH, S. 59

Zusammengesetzte Nomen bilden

1 Bilde zusammengesetzte Nomen.
Schreibe sie auf: Computertastatur, …

Tastatur
Tisch
Club
Bildschirm
Zeitschrift

Gerät
Sprecher
Sender
Hörer
Sendung

Aus mehreren Nomen (Substantiven) kann man
zusammengesetzte Nomen (Substantive) bilden.
Computer + Tastatur = Computertastatur

2 Bilde zusammengesetzte Nomen. Schreibe sie mit Artikel auf.
Schreibe so: das Bilderbuch, …

+

Zusammengesetzte
Nomen bezeichnen
etwas genauer.

3 Was fällt dir auf?

- -

4 Welche Nomen stecken in diesen zusammengesetzten Nomen?
Schreibe sie auf. Schreibe so: Klingelton = die Klingel + der Ton

Klingelton   Maustaste   Handymarke   Druckerpatrone

Druckerfarbe   Computerspiel   Handyvertrag   Bildschirmgröße

Sprache untersuchen | sprachliche Strukturen kennen und anwenden: zusammen-
gesetzte Nomen (Substantive) kennenlernen; an Wörtern
arbeiten: Möglichkeiten der Wortbildung kennen | > AH, S. 60 | 99

Wörter mit ä merken  M

S. 130

1 Schlage die Wörter nach und schreibe sie auf. Markiere die Aufpass-Stelle.

2 Warum musst du dir die Wörter aus **1** merken?
Schreibe eine Erklärung auf.

- -

3 Übe die Merkwörter im Spinnennetz.

spät

Lärm

Märchen

Träne

schräg

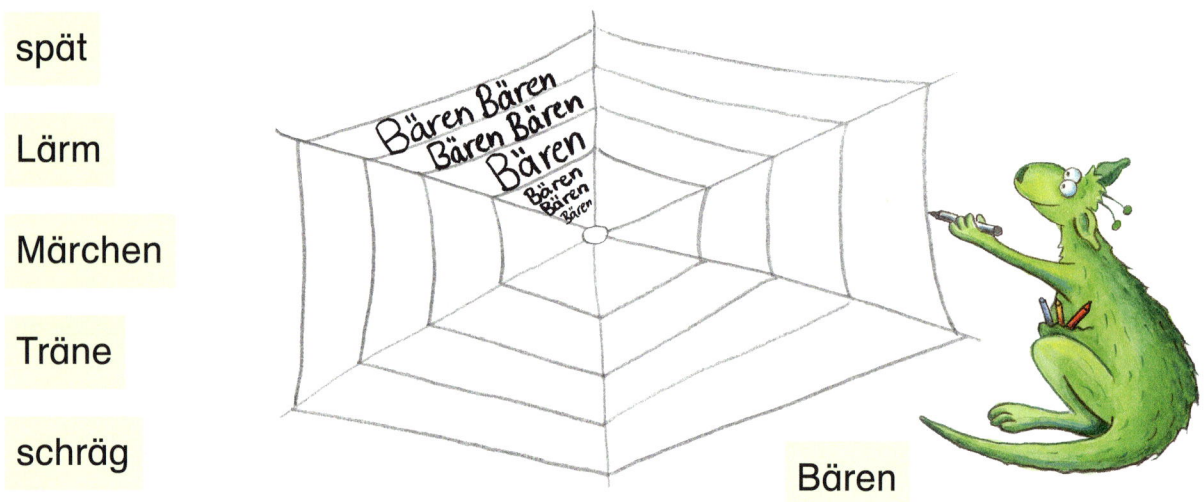

Bären

4 Ordne die Merkwörter aus **3** nach der Anzahl
ihrer Buchstaben.

5 Überprüft, welche Wörter ihr ableiten könnt
und welche ihr euch merken müsst.

trägt   Schädel   Krähe   länger

gähnen   Rasenmäher   Äste   Bäcker

Richtig schreiben | rechtschreibwichtige Wörter kennen:
Wörter mit nicht ableitbarem ä schreiben;
Rechtschreibstrategien anwenden: Merken und Ableiten | > AH, S.61
> Merkwörter üben, S. 130

Merkwörter nachschlagen

1 Sortiere die Nomen nach dem Abc.

Jeans   Dschungel   Fan   Handy   Puzzle   Currywurst

2 Sortiere diese Nomen nach dem Abc.
Was fällt dir auf.

Text   Tastatur   Thema   Training

> Wenn der erste Buchstabe gleich ist, schaue ich mir den zweiten Buchstaben an.

3 Kontrolliere deine Reihenfolge mit der Wörterliste.

---

4 Sortiere die Nomen nach dem Abc.
Achte auf den zweiten Buchstaben.
Kontrolliere mit der Wörterliste.

Computer   Camping   Clown   Creme

5 Sortiere die Nomen nach dem Abc.
Achte auf den dritten Buchstaben.
Kontrolliere mit der Wörterliste.

Cowboy   Comic   Cola   Couch   Container   Cornflakes

6 Sortiere die Nomen nach dem Abc.
Kontrolliere mit der Wörterliste.

Box   Chip   Sound   Mail   Monitor   Cursor   Tastatur

7 Erklärt einem Partner die Bedeutung einiger Fremdwörter.
Helft euch gegenseitig.

1 Schreibe ein Akrostichon.
Präsentiere es.

2 Bilde mit den Vorsilben und den Verben neue sinnvolle Verben.
Schreibe sie auf.

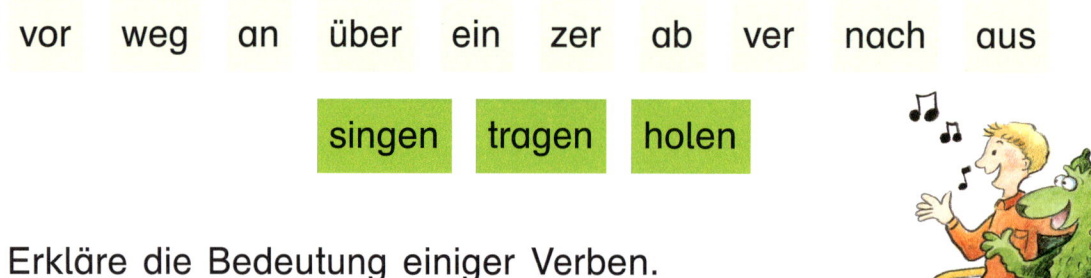

vor   weg   an   über   ein   zer   ab   ver   nach   aus

singen   tragen   holen

3 Erkläre die Bedeutung einiger Verben.

4 Schreibe Sätze mit den Verben aus **2** .

5 Bilde zusammengesetzte Nomen. Schreibe sie auf.

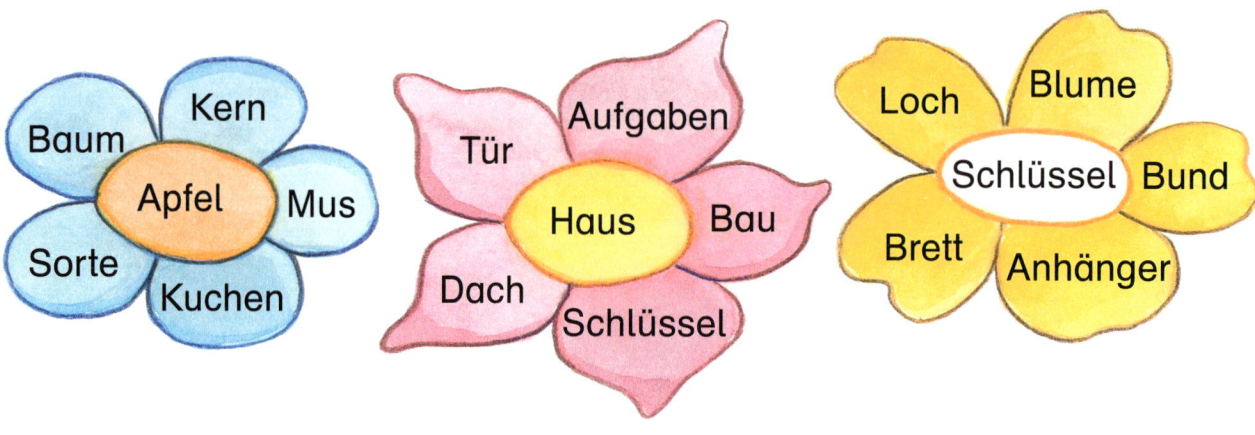

Baum   Kern   Apfel   Mus   Sorte   Kuchen

Tür   Aufgaben   Haus   Bau   Dach   Schlüssel

Loch   Blume   Schlüssel   Bund   Brett   Anhänger

6 Schlage die Merkwörter in der Wörterliste nach.
Schreibe sie mit der Seitenzahl auf.

Käse   Mädchen   März   Säge   Käfig   Käfer   Träne   Bär

T-Shirt   Sneaker   Skateboard   Inliner   Smartphone

1 Sortiere die Nomen nach dem Abc.
Achte auf den zweiten Buchstaben.

Film   Foto   Fernseher   Farbpatrone   Freund   Funk

Mikrofon   Memo   Monitor   Muster   E-Mail   Maus

2 Überprüfe die Reihenfolge der Nomen in der Wörterliste.
Schreibe die Seitenzahl dazu.

Sternenforscher-Ecke

3 Lies den Text.

Ben und Tom arbeiten zusammen.
Sie suchen etwas über Vampire .
In Amerika leben Fledermäuse , die so heißen .
Sie trinken das Blut von anderen Tieren.
Auf einem Bild   hängen Vampire an Ästen .
Sie wollen sie abzeichnen.
Tom möchte später noch rote Punkte malen.
Ben findet das toll .

4 Schreibe die markierten Wörter auf Kärtchen.

5 Markiere die Aufpass-Stellen.

6 Sortiere deine Wörter.
Führt ein Rechtschreibgespräch.

S. 128

7 Schreibe den Text aus **3** als
 Abschreibtext  Schleichdiktat   Partnerdiktat.

S. 129

Das kann ich jetzt
Sternenforscher-Ecke

Rechtschreibstrategien anwenden: Mitsprechen,
Weiterschwingen, Ableiten, Merken;
über Lernen sprechen: Lernerfahrungen reflektieren

> Methoden, S. 124/128
> AH, S. 62 (Sternenforscher)
> AH, S. 63 (Das kann ich jetzt)

103

Andere Sprachen kennenlernen

1 Aus welchen Ländern kommen die Kinder? Erzähle.

Hosgeldiniz!

Bienvenidos!

Velkommen!

Welkom!

Karibu!

2 Kennst du Wörter aus anderen Sprachen? Vergleiche.

3 Welche Sprachen werden in deiner Klasse gesprochen?

4 In vielen Ländern begrüßt man sich nicht nur mit Worten.
Beschreibe.

5 Wie begrüßt ihr andere?

Freunde   Familie   fremde Erwachsene   ...

Guten Tag!   Tach!

Hey!   Grüß Gott!   Grüß dich!   Hi!   Hallo!   Moin!   ...

Sprechen und zuhören   Gemeinsamkeiten und Unterschiede von Sprachen entdecken: Unterschiede (z. B. sich begrüßen) in Sprachen finden und über Auffälligkeiten sprechen

Dialekte kennenlernen

1 Erzähle.

In manchen deutschen Regionen wird unterschiedlich gesprochen. Dies nennt man **Dialekt** (Mundart).
Brötchen: Schrippen, Semmeln, Wecken, Rundstücke, ...

2 Lest die Wörter laut. Was fällt euch auf?

Mädchen	Berliner	Butter	Klumbe
Madl	Pfannkuchen	Schmer	Bonbon
Maid	Puffel	Bodder	Kamelle
	Krapfen		Guadl

3 Plant ein Rollenspiel mit einer Wortgruppe aus **2**.
Führt das Rollenspiel vor.

4 Kennst du noch andere Wörter aus einem Dialekt? Berichte.

Sprechen und zuhören | zu anderen sprechen: informieren; Unterschiede von Sprachen entdecken: Dialekte kennenlernen und vergleichen; szenisch spielen: ein Rollenspiel planen und vorführen

105

Eine Postkarte schreiben

1 Lies die Postkarte. Erzähle.

Büsum, den 2.7.16

Hallo Max,
viele Grüße aus Büsum.
Wir gehen jeden Tag an den Strand.
Zum Glück gibt es hier keine Quallen.
Ich kann schon gut schwimmen.
Viele Grüße
dein Hanno

An
Max

> In der Anschrift stehen Name, Straße, Hausnummer, Postleitzahl und Wohnort.

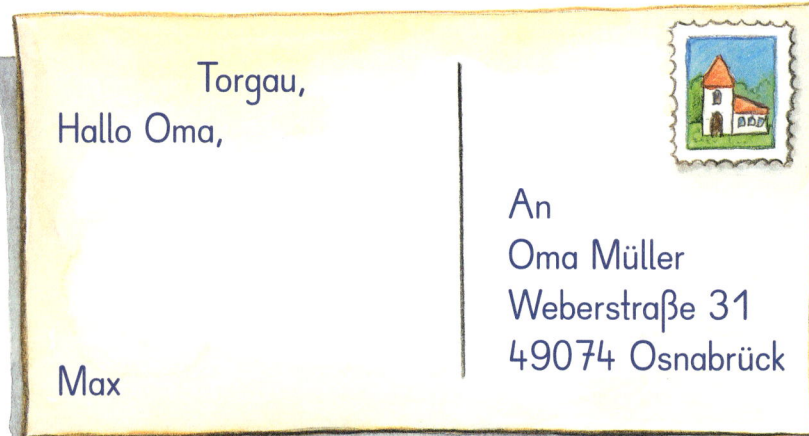

2 Schreibe die Anschrift richtig auf.

Kleine Straße   Max   30161   2   Meier   Hannover

3 Lies die Postkarte. Was fällt euch auf?

Torgau,
Hallo Oma,

An
Oma Müller
Weberstraße 31
49074 Osnabrück

Max

4 Sammele Ideen, worüber Max schreiben könnte.

5 Sammele Adressen.

6 Schreibe eine eigene Postkarte.

S. 126

Texte planen: Schreibabsicht und Verwendungs-
zusammenhang klären; Texte schreiben:
adressaten- und funktionsgerecht schreiben (Postkarte)

> AH, S. 64
> Textaufbau, S. 126

Eine E-Mail kennenlernen

1 Erzähle.

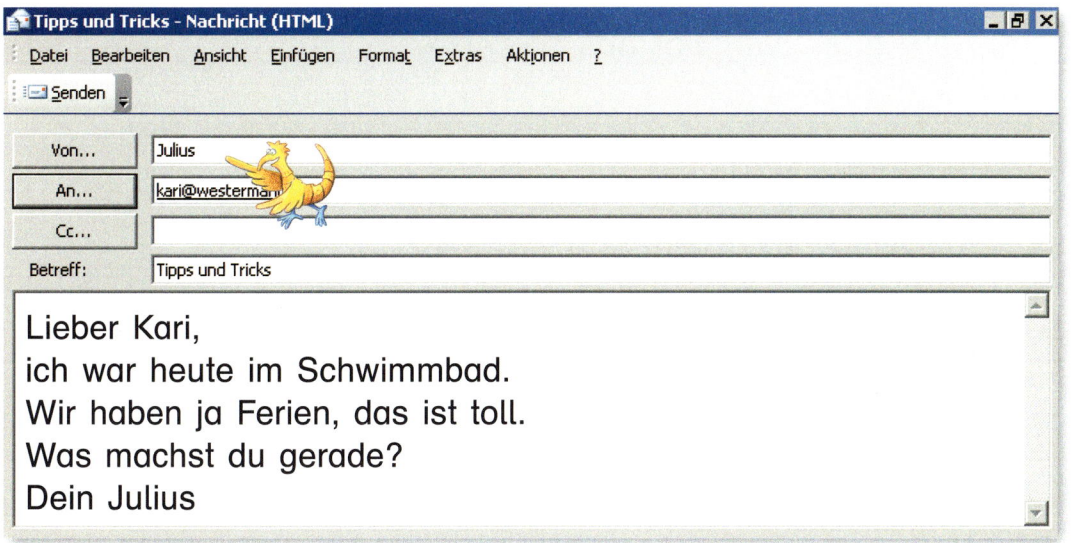

Tipps und Tricks - Nachricht (HTML)

Datei Bearbeiten Ansicht Einfügen Format Extras Aktionen ?

Senden

Von...	Julius
An...	kari@westerman
Cc...	
Betreff:	Tipps und Tricks

Lieber Kari,
ich war heute im Schwimmbad.
Wir haben ja Ferien, das ist toll.
Was machst du gerade?
Dein Julius

2 Lest die Sätze.
Zeigt auf die richtige Stelle der E-Mail in **1**.

In diesem Feld steht, wohin die E-Mail geschickt werden soll.

Im Betreff steht, worum es in der E-Mail geht.

Hier schreibt man einen Text.

Man klickt auf dieses Feld, um die E-Mail zu verschicken.

Hier schreibt man die Adresse des Absenders hinein.

3 Lies den Text. Erkläre.

In der E-Mail-Adresse steht vorne immer
der Benutzername. Diesen kann sich jeder aussuchen,
wenn er sich anmeldet. Anschließend kommt
das @-Zeichen. Es ist englisch und heißt „at" [et].
Auf deutsch bedeutet es „bei". Am Ende der Anschrift
steht die Abkürzung für ein Land. Die Abkürzung für
Deutschland ist de; dk steht für Dänemark.

Texte verfassen   Texte schreiben: nach Anregungen eigene Texte   > AH, S. 64   **107**
                        (E-Mail) schreiben; über Schreibfertigkeiten verfügen:
                        den PC als Schreibwerkzeug nutzen

Wortarten wiederholen

1 Lies die Sätze.

Ich kann „ich" oder „wir" vor das 🟥 setzen.

Das 🟥 sagt mir, wie etwas ist.

Ein 🟥 passt zwischen Artikel und Nomen.

Ein 🟥 sagt, was wir tun.

Ein 🟥 kann ich anfassen oder haben.

Mit 🟥 kann ich genauer beschreiben.

2 Schreibe die Sätze aus **1** richtig auf.

3 Ordne die Wörter nach Nomen, Verben und Adjektiven.
Schreibe so: Nomen: Zelt, …

SPRINGEN	ZELT	LACHEN	KALT	SONNENSCHIRM
SCHAUFEL	WARM	LUSTIG	NASS	SCHWIMMEN

4 Schreibe die Nomen aus **3** mit Artikel
in Einzahl und Mehrzahl auf.

5 Schreibe die Verben aus **3** in der ich-Form, du-Form und er-Form auf.

6 Schreibt je fünf Nomen, Verben und Adjektive auf kleine Zettel.
Lasst die Karten von anderen Kindern ordnen.

Sprache untersuchen | sprachliche Strukturen kennen und anwenden: Nomen (Substantive), Verben, Artikel (Begleiter) und Adjektive schreiben | > AH, S. 65

Präpositionen kennenlernen und verwenden

1 Erzähle.

> Eins, zwei, drei, vier Eckstein,
> alles muss versteckt sein.
> Hinter mir und vor mir gilt nicht.
> 1, 2, 3, ... 19, 20!
> Ich komme!

2 Wo haben sich die Kinder versteckt?
Schreibe die Sätze ab.
Setze die Wörter passend ein.

Mia sitzt ▪ der Wippe.

Maja klettert ▪ den Baum.

Fynn liegt ▪ Sandkasten.

▪ dem Baum hockt Mikael.

Jalila krabbelt ▪ die große Röhre.

Jim versteckt sich ▪ der Rutsche.

Wo ist Bu?

| auf | im | in | unter |

| neben | hinter |

3 Welche Spiele willst du in den Ferien spielen?
Stelle sie vor.

4 Finde weitere Spielreime.

Wörter mit Dehnungs-h merken

1 Erzähle.

2 Schlage die Wörter nach.
Schreibe sie mit Seitenzahl auf.

sehr   ihr   Fehler   gähnen   ihnen   nehmen   zählen   Rohr

Fahrstuhl   Bilderrahmen   Rührschüssel   mehrmals

S. 130   **3** Übe die Merkwörter.

4 Ordne die Wortfamilien.
Markiere die Aufpass-Stelle
und den Wortstamm.
Schreibe so:
fahren: Fahrzeuge, ...
wohnen: ...

fahren	Fahrzeuge	Bewohner	Gefahr	Autofahrer
wohnen	Wohnwagen	Beifahrer	Anwohner	fahre
befahrbar	Wohnungen	Wohnzimmer	Fahrbahn	wohnt

Richtig schreiben | rechtschreibwichtige Wörter kennen: | > AH, S. 67
Wörter mit Dehnungs-h schreiben; | > Merkwörter üben, S. 130
Rechtschreibstrategien anwenden: Merken

Wörter mit X/x und Y/y merken

1 Beantworte die Fragen und schreibe sie auf.
Schreibe so: Ein kleines Kind nennt man Baby.

Wie nennt man ein kleines Kind?

Auf welchem Tier kannst du reiten?

Welches Werkzeug spaltet Holz?

Wie heißt ein Buch, in dem man nachschlagen kann?

Wie heißt der vorletzte Buchstabe im Abc?

Ba Po xi by si Axt kon ny Le lon Yp

2 Lies den Text.

Eine 🧜 schwimmt an den Strand.
Sie spielt auf einem 🎵. Das lockt
einen 🥊 an. Verliebt trägt er sie auf seine 🔺.
Dort rührt eine 🧙 mit ihrem 💨 eine Suppe.
Sie verkleidet sich mit einem 🎩
und holt ihr 📱. Es klingelt …
Lenia reibt sich die Augen. So ein Quatsch!

3 Schlage die Bildwörter aus ② nach. 📖
Schreibe sie mit Seitenzahl auf. Markiere die Aufpass-Stellen.

S. 129

4 Ordne alle Merkwörter dieser Seite nach der Anzahl der Silben.

S. 130

5 Übe die Merkwörter dieser Seite.

Richtig schreiben   rechtschreibwichtige Wörter kennen: > AH, S. 67   **111**
Wörter mit X/x und Y/y schreiben;   > Merkwörter üben, S. 130
Rechtschreibstrategien anwenden: Merken

1 Lies die Sätze. Schreibe sie richtig auf.

> Es dauert mehrere Tage, bis eine E-Mail ankommt.
>
> Ich klicke auf Senden, um die Postkarte abzuschicken.
>
> Eine Postkarte kommt oft schon nach Sekunden an.
>
> Auf der Rückseite der E-Mail ist oft ein schönes Bild.
>
> Der Briefträger bringt die E-Mails direkt nach Hause.

2 Finde in den Sätzen die Nomen, Verben und Adjektive.
Schreibe sie auf: Nomen: ..., Verben: ..., Adjektive: ...

> ALLE KINDER HÜPFEN FRÖHLICH AUS DER SCHULE.
>
> DER HAUSMEISTER HOLT SEINEN LANGEN BESEN.
>
> IMMER HABEN DIE KINDER DRECKIGE SCHUHE.

3 Schreibe die Nomen aus **2** mit Artikel
in Einzahl und Mehrzahl auf.

4 Schreibe die Verben aus **2** in der
ich-Form, du-Form und wir-Form auf.

5 Schreibe Sätze zum Bild auf. Setze passende Wörter ein.

> Papas Auto steht ■ der Garage.
>
> Kari sitzt ■ Kofferraum.
>
> Das Gepäck liegt ■ dem Auto.
>
> Bu schläft ■ der Hecke.
>
> Die Hecke ist ■ der Garage.

1 Schlage die Wörter nach.
Schreibe sie mit Seitenzahl auf.

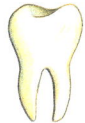    **10**

2 Sammele Merkwörter.

Sternenforscher-Ecke

3 Lies den Text.

Mina freut sich auf die großen Ferien.

Sie muss keine Hausaufgaben   mehr machen.

Morgens schläft sie immer länger als sonst.

Nur bei Oma steht sie früh auf,

weil sie in den Zoo gehen wollen.

In der zweiten Woche ist sie

auf einem Pferdehof.

Dort darf sie die Pferde pflegen

und auf ihnen reiten.

4 Schreibe die markierten Wörter auf Kärtchen.

5 Markiere die Aufpass-Stellen.

6 Sortiere deine Wörter.
Führt ein Rechtschreibgespräch.

S. 128

7 Schreibe den Text als
 Abschreibtext Schleichdiktat Partnerdiktat.

S. 129

Das kann ich jetzt
Sternenforscher-Ecke

Rechtschreibstrategien anwenden: Mitsprechen,
Weiterschwingen, Ableiten, Merken;
über Lernen sprechen: Lernerfahrungen reflektieren

> Methoden, S. 124/128
> AH, S. 68 (Sternenforscher)
> AH, S. 69 (Das kann ich jetzt)

113

Texte mit Schrift gestalten

1 Lies das Gedicht und beschreibe.

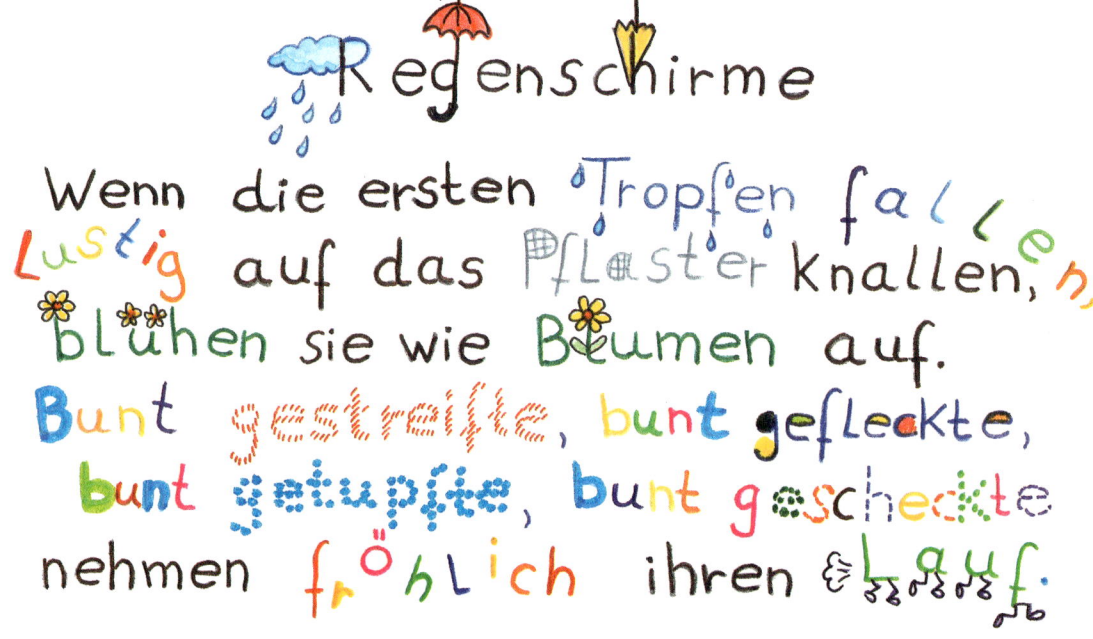

Regenschirme

Wenn die ersten Tropfen fallen
Lustig auf das Pflaster knallen,
blühen sie wie Blumen auf.
Bunt gestreifte, bunt gefleckte,
bunt getupfte, bunt gescheckte
nehmen fröhlich ihren Lauf.

Seit die ersten Tropfen fielen
schweben sie auf dünnen Stielen
leuchtend, schimmernd, rund und glatt.
Bunt gestreifte, bunt gefleckte,
bunt getupfte, bunt gescheckte
Schirme blühen in der Stadt.

Vera Ferra-Mikura

2 Suche dir Wörter aus und gestalte sie mit Schrift. gestreifte

Sonne   Blätter   rennen   gepunktet   kugelrund   Wasserwellen

 3 Gestalte ein Gedicht mit Schrift. fröhlich Tropfen

Verkleinerungsformen bilden

1 Lies die Sprechblasen und erzähle.

> chen und lein machen alle Dinge klein.

> Das ist mein Kopf. Das ist mein ...

> Das ist mein Köpfchen.

2 Im Zwergenland ist alles klein.
Führt das Gespräch zwischen Riese und Zwerg weiter.

3 Schreibe die Wortpaare mit Artikel auf.
Schreibe so: der Kopf - das Köpfchen
das Buch - ...

> Ä/ä, Ö/ö und Ü/ü heißen Umlaute.

4 Was fällt dir auf?

---

5 Verkleinere die Wörter mit -chen oder -lein.
Schreibe so: der Bach - das Bächlein, ...

Bach   Reh   Tasse   Bett   Stuhl   Stiefel   Spiegel   Vogel

Wünschen

1 Lies das Gedicht.

Ich wünsche mir zum Heiligen Christ

Ich wünsche mir zum Heiligen Christ

einen Kopf, der keine Vokabeln vergisst,

einen Fußball, der keine Scheiben zerschmeißt –

und eine Hose, die nicht zerreißt.

Ich wünsche mir zum Heiligen Christ

eine Oma, die nie ihre Brille vermisst,

einen Nachbarn, den unser Spielen nicht stört –

und einen Wecker, den niemand hört.

Erika Wildgrube-Ulrici

2 Sprecht über das Gedicht.
Welche Wünsche habt ihr? Vergleicht.

3 Vergleicht die beiden Wunschzettel miteinander.
Was fällt euch auf?

Lieber Weihnachtsmann,

ich wünsche mir zu Weihnachten
ein ferngesteuertes Auto,
ein Walkie Talkie,
ein spannendes Spiel
für meine Spielekonsole und
ein Trikot von meinem
Lieblingsverein.

Viele Grüße
dein Artur

Liebes Christkind,

mein größter Wunsch ist,
dass mein Bruder wieder
ganz gesund wird
und nach Hause kommt.
Ich werde mich auch
nie mehr mit ihm streiten.
Vielleicht schenkst du mir
noch ein Buch.

Dein Max

4 Schreibe einen eigenen Wunschzettel und gestalte ihn.

Sprechen und zuhören
Texte verfassen

zu anderen sprechen: erzählen, über Wünsche sprechen;
Gespräche führen: sich an Gesprächen beteiligen;
funktionsgerecht schreiben: Wünsche formulieren (Wunschzettel)

Einen Text szenisch umsetzen

1 Lies die Geschichte und erzähle.

Erzähler:	Es ist Nacht. Es herrscht Winter. Ein alter Wolf nähert sich dem Haus der Henne. Der Wolf klopft an die Tür, poch, poch, poch.
Henne:	Wer da?
Wolf:	Der Wolf. Hab keine Angst, Henne. Ich bin alt.
Erzähler:	Die Henne zögert. Sie hat ein bisschen Angst, aber sie ist neugierig. Also öffnet sie die Tür. Der Wolf tritt ein, seufzt und bittet um einen Kessel.
Wolf:	Hör zu, Henne, um Steinsuppe zu machen, braucht man einen Kessel. In einen Kessel gibt man einen großen Stein, tut Wasser hinein und wartet, bis es kocht.
Henne:	Ist das alles? Also, ich tue ja in meine Suppe immer ein bisschen Sellerie.
Wolf:	Das kann man, das gibt einen gewissen Geschmack.
Erzähler:	Das Schwein hat gesehen, wie der Wolf in das Haus der Henne gegangen ist. Es klopft an, poch, poch, poch.
Schwein:	Alles in Ordnung?

> Zuerst dachte ich ja, es gäbe Hühnersuppe.

nach Anaïs Vaugelade

2 Vermutet, wie die Geschichte weitergehen könnte.

3 Spielt die Geschichte.

Lesen
Sprechen und zuhören

Texte erschließen: eigene Gedanken zu Texten entwickeln, mit anderen über Texte sprechen; szenisch spielen: eine Erzählung szenisch umsetzen

117

Mit Schrift gestalten (Konkrete Poesie)

1 Erzähle.

2 In dem Bild sind Wörter mit doppelten Selbstlauten
und Doppellauten (Zwielauten) versteckt. Schreibe sie auf.

- -

3 Suche dir Wörter aus und gestalte damit ein Bild.

Boot   Eis   Meer   Haus   Speer   Haare

Beere   Raupe   Feuer   Kaffeetasse   Teebeutel

4 Suche weitere Wörter mit doppelten Selbstlauten.

5 Übe die Merkwörter dieser Seite.

S. 130

Richtig schreiben
Texte verfassen

rechtschreibwichtige Wörter kennen und anwenden: Wörter mit
Diphthongen und doppelten Selbstlauten schreiben; Texte schreiben:
nach Anregungen eigene Texte (Konkrete Poesie) schreiben

> Merkwörter üben, S. 130

Mit Stichwörtern eine Geschichte erzählen

1 Erzähle die Geschichte mithilfe der Bilder und Stichwörter.

Osterhase traurig

bekommt nie
Osterhasen-Post

Osterhase streikt

Fällt Ostern aus?

Bestimmt finden wir jemand,
der uns bei der Post für
den Osterhasen helfen kann!"

Freunde
überlegen

Brief
schreiben?

2 Erfindet ein eigenes Geschichten-Ende. Malt dazu.

3 Stellt euer Geschichten-Ende vor.

4 Spielt die Geschichte nach.

-----

5 Schreibe einen Brief an den Osterhasen.

Gedichte schreiben (Elfchen)

1 Lies das Gedicht.
Es heißt Elfchen. Warum?

> Wasser
>
> im Schwimmbad
>
> hell und klar
>
> es ist so erfrischend
>
> platsch

Was siehst du?

Wo siehst du es?

Wie siehst du es?

Was hast du gefühlt oder gedacht?

Finde ein Abschluss-Wort.

2 Schreibe mit diesen Wörtern ein Elfchen.

am Meer   der Sommer ist schön   Ferien

Sonne   warm und hell

3 Findet Wörter, die zum Sommer passen.

4 Schreibe ein Sommer-Elfchen.

S. 130 **5** Gestalte und präsentiere dein Elfchen.

Ein Gedicht schreiben (Sprechtaculum)

1 Lest die Gedichte laut vor.
Jeder liest nacheinander eine Zeile.
Was fällt euch auf?

Sommerferienzeit
Ferienzeitsommer
Sommerferienzeit
Zeitferiensommer
Sommerferienzeit

Kinderspielplatz
Spielplatzkinder
Kinderspielplatz
Platzspielkinder
Kinderspielplatz

Kornblumenfeld
Blumenfeldkorn
Kornblumenfeld
Feldblumenkorn
Kornblumenfeld

2 Finde in jedem Gedicht die drei Nomen.

3 Wähle drei Nomen aus.
Schreibe selbst ein Gedicht.

| Mango | Eis | Becher | Tee | Waffel | Nuss |

4 Schreibe ein Gedicht mit drei eigenen Nomen.

5 Präsentiere dein Gedicht.

Sprache untersuchen
Texte verfassen

Texte schreiben: nach Anregungen eigene Texte (Gedicht/
Sprechtaculum) schreiben; an Wörtern/Sätzen arbeiten:
mit Sprache experimentell und spielerisch umgehen

121

Kooperative Lernformen

Ich – du – wir △

1. Ich arbeite alleine.

2. Ich tausche mich mit einem Partnerkind aus.

3. Wir sprechen über unsere Ergebnisse
   in der Gruppe.

4. Wir ergänzen.

5. Ich arbeite mit den Ideen weiter.

Partnerarbeit

1. Wir arbeiten gemeinsam und helfen uns.

2. Wir sprechen in Flüstersprache.

3. Wir halten die Gesprächsregeln ein.

4. Wir sind beide für das Ergebnis
   der Partnerarbeit verantwortlich.

5-Finger-Methode

1. Ich zeichne meine Hand auf ein Blatt.

2. Ich sammle Ideen.

3. Ich schreibe sie in die Finger.

4. Ich vergleiche mit einem Partnerkind.

5. Ich arbeite mit den Ideen weiter.

Murmelrunde

1. Ich denke über ein Thema nach.

2. Ich tausche mich mit anderen Kindern aus.

3. Ich spreche dabei in Flüstersprache.

4. Ich arbeite mit den Ideen weiter.

Gesprächsregeln

Erzählregeln

– Ich schaue die Zuhörer an.

– Ich spreche laut und deutlich.

– Ich beantworte Fragen.

– Ich lasse andere ausreden.

Zuhörregeln

– Ich höre zu.

– Ich verhalte mich ruhig.

– Ich schaue den Erzähler freundlich an.

– Ich denke mit.

– Ich gebe Rückmeldungen.

Rückmeldung geben

– Ich bin höflich und lobe.

– Ich gebe Tipps zur Verbesserung.

– Ich begründe meine Meinung.

 Mir gefällt ...

Du könntest noch etwas verbessern.

Tipp Ich gebe dir den Tipp ...

Ich finde die Geschichte sehr spannend.

Deine Satzanfänge sind alle gleich.

...

Über Lernen sprechen

Über Lernen sprechen / Reflektieren

– Ich beurteile meine/unsere Arbeit.

– Ich sage, wie ich mich beim Lernen gefühlt habe.

– Ich beginne Sätze mit ICH oder MIR,

   wenn ich Rückmeldungen gebe.

– Ich begründe meine Meinung.

 Ich bin sehr zufrieden.

Ich könnte noch etwas verbessern.

Tipp Ich nehme mir etwas vor ...

Was nimmst du dir für deine nächste Partnerarbeit vor?

Und wie war das Lernen bei euch?

Das kann ich jetzt / Mein Portfolio

– Am Ende des Kapitels wiederhole ich,

   was ich gelernt habe.

– Ich überlege, was ich gut kann

   und was ich noch üben möchte.

– Ich schreibe alles über mich und mein Lernen auf.

– Ich arbeite im Arbeitsheft oder in meinem Portfolio.

Das kann ich jetzt.

Das muss ich noch üben.

Das nehme ich mir vor.

So schätze ich mich selbst ein.

Da will ich weiterarbeiten.

...

Nomen kann ich erkennen, aber Artikel finde ich schwer.

meine Wörter

Texte verfassen

Texte planen – Schreibziel

Texte planen – Ideenblitze

Ideenblitze helfen mir, eine Geschichte zu planen.

1. Ich sammele Ideen und schreibe sie auf.

2. Ich wähle aus, welche Ideen
   ich für meine Geschichte brauche.

Tim hat sich versteckt.

Waldhütte   Mario findet …   Angst   …

Texte planen – Schreibplan

a) Entscheide dich
   für eine Schreibidee.

b) Notiere die Schreibideen,
   schreibe Ideenblitze.

c) Plane einen Text und schreibe
   einen Schreibplan.

d) Schreibe deine Geschichte.

e) Finde eine passende Überschrift.

Ablaufplan
Schreibidee:
Ideenblitze:
Anfangssatz:
Was nun? Was nun? Was nun?
Ende:
Überschrift:

Methoden und
Arbeitstechniken

Texte planen: Schreibideen entwickeln und nutzen,
mit dem Schreibplan arbeiten;
Arbeitstechnik kennenlernen: Ideenblitze nutzen

125

Texte verfassen

Texte schreiben – Formulieren

Vollständige Sätze schreiben

Verschiedene Satzanfänge finden

Passende Wörter finden

Passende Überschrift finden

Texte schreiben – Textaufbau

Anleitung
– Halte eine sinnvolle
  Reihenfolge ein.
– Beschreibe, was passiert.
– Verwende treffende Verben.

Geschichte
– Sammele Ideen
  mit den Ideenblitzen.
– Halte eine sinnvolle
  Reihenfolge ein.
– Schreibe in ganzen Sätzen.
– Finde eine passende
  Überschrift.

Steckbrief
– Schreibe in Stichwörtern.
– Halte eine sinnvolle
  Reihenfolge ein.
– Benutze treffende
  Wörter und
  Fachausdrücke.

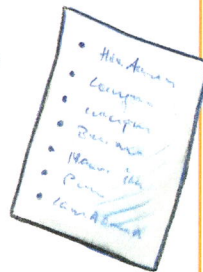

Postkarte
– Schreibe eine passende Anrede
  und einen Gruß ans Ende.
– Schreibe die Anschrift
  auf die rechte Seite: Name,
  Straße, Hausnummer,
  Postleitzahl, Wohnort.
– Schreibe Ort und Datum
  in die Ecke.

Methoden und
Arbeitstechniken

Texte schreiben: sprachliche Mittel verwenden,
nach Mustern schreiben (Steckbrief, Postkarte),
strukturiert schreiben (Anleitung, Geschichte)

Texte überarbeiten – Leseversammlung

1. Ich lese meinen Text vor.

2. Die anderen Kinder hören mir zu.

3. Die Zuhörer geben mir Rückmeldung.

4. Ich überarbeite meinen Text.

Ich kann deine Geschichte gut verstehen.

Kannst du andere Satzanfänge finden?

Deine Geschichte ist sehr kurz.

Die Überschrift passt gut zu deiner Geschichte.

Texte präsentieren

Wenn du mit deinem Text
zufrieden bist,
kannst du ihn veröffentlichen.

Schreibe ihn
- mit dem Computer,
- auf ein Schmuckblatt,
- in dein Geschichtenheft.

Du kannst den Text auch
- vorlesen oder
- auf ein Plakat schreiben und vorstellen.

Rechtschreibgespräch

1. Ich habe ein Rechtschreibproblem.

2. Ich berate mich mit anderen Kindern.

3. Wir sprechen über Aufpass-Stellen
   und erklären sie.

Sternenforscher

Geschriebene Wörter untersuchen

– Ich lese das Wort mit Silbenbögen.

– Ich spreche genau mit.

– Ich markiere die Aufpass-Stellen.

– Ich führe ein Rechtschreibgespräch.

– Ich schreibe die Wörter als:

   Abschreibwörter, Schleichdiktat oder Partnerdiktat.

Selber richtig schreiben

– Ich spreche in Silben genau mit.

– Ich entdecke eine Aufpass-Stelle
   und wende eine Strategie an.

– Ich beachte die Großschreibung.

– Ich achte auf Wortbausteine.

Methoden und
Arbeitstechniken

Arbeitstechnik kennenlernen: Rechtschreibgespräch
anwenden; Rechtschreibstrategien kennen

Richtig schreiben

Abschreiben

1. Ich lese.

2. Ich verdecke einen Teil
   und merke ihn mir.

3. Ich schreibe und spreche
   dabei genau mit.

4. Ich kontrolliere.

Schleichdiktat

1. Ich lege den Text an eine entfernte Stelle im Raum.

2. Ich lese einen Teil und merke ihn mir.

3. Ich schleiche zu meinem Platz.
   Ich schreibe und spreche dabei genau mit.

4. Zum Schluss hole ich mir den Text
   und kontrolliere jedes Wort.

5. Ich verbessere meine Fehler.

Partnerdiktat

1. Ich diktiere und beobachte mein Partnerkind beim Schreiben.

2. Mein Partnerkind schreibt und spricht leise mit.

3. Bei einem Fehler sage ich: „Stopp!"

4. Wir sprechen über den Fehler
   und verbessern ihn.

5. Wir wechseln uns ab.

Methoden und
Arbeitstechniken

Arbeitstechniken kennenlernen: Wörter abschreiben,
mit dem Schleichdiktat arbeiten, mit dem Partnerdiktat
arbeiten

129

Richtig schreiben

Wörter nachschlagen

Wenn ich unsicher bin, wie ein Wort geschrieben wird,

schlage ich in der Wörterliste nach.

Kirsche oder Kiersche?

Wenn ich ein Wort nicht finden kann,

überlege ich, ob es einen anderen

Anfangsbuchstaben haben könnte.

Ich höre: Fater — ich schreibe: Vater

E

das **Ei**, die Eier

der **Elefant**, die Elefanten

Wenn der erste Buchstabe gleich ist,

schaue ich mir den nächsten Buchstaben an.

Merkwörter üben

Ich suche
die Merkwörter
in der Wörterliste.
Schreibe sie
mit Seitenzahl auf.

verkaufen, S. 72
Hai, S. 27

Ich ordne
die Merkwörter
nach dem Abc.

Hahn
Hai
Käse
verkaufen

Ich ordne die
Wörter nach
der Anzahl
der Buchstaben.

Hai
Hahn, Käse
verkaufen

Spinnennetz
Ich schreibe die
Wörter mehrfach.

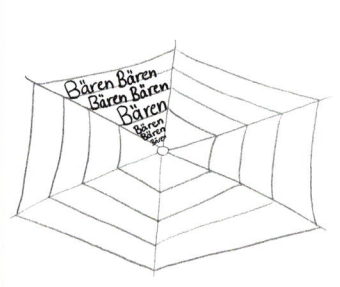

Ich schreibe
meine schwierigen
Wörter auf.
Ich benutze **Hai**
verschiedene Farben
und Formen.
verkaufen **Käfer**

Meine eigene Idee:

Arbeitstechnik kennenlernen: Wörterliste nutzen;
Rechtschreibstrategien anwenden: Merken

Wörterliste

A

der **Aal**, die Aale

ab

der **Abend**, die Abende

alle

alles

als

alt

Amerika

die **Angst**, die Ängste

ängstlich

der **Apfel**, die Äpfel

die **Apfelsine**, die Apfelsinen

der **Ast**, die Äste

aufräumen, er räumt auf

der **August**

der **Automat**, die Automaten

die **Axt**, die Äxte

B

das **Baby**, die Babys

backen, er backt

der **Bäcker**, die Bäcker

die **Badewanne**, die Badewannen

bald

der **Ball**, die Bälle

die **Banane**, die Bananen

das **Band**, die Bänder

der **Bär**, die Bären

der **Baum**, die Bäume

die **Beere**, die Beeren

das **Beet**, die Beete

beginnen, er beginnt

bekommen, er bekommt

der **Berg**, die Berge

der **Besen**, die Besen

das **Bett**, die Betten

die **Beule**, die Beulen

der **Beutel**, die Beutel

der **Biber**, die Biber

die **Biene**, die Bienen

der **Bikini**, die Bikinis

das **Bild**, die Bilder

der **Bilderrahmen**, die Bilderrahmen

die **Birne**, die Birnen

blind

der **Blitz**, die Blitze

blond

die **Blume**, die Blumen

das **Boot**, die Boote

die **Box**, die Boxen

der **Boxer**, die Boxer

brav

das **Brett**, die Bretter

die **Brezel**, die Brezeln

der **Brief**, die Briefe

bringen, er bringt

das **Brot**, die Brote

brummen, er brummt

das **Buch**, die Bücher

bunt

C

das **Camping**

der **Chip**, die Chips

der **Clown**, die Clowns

die **Cola**, die Colas

der **Comic**, die Comics

der **Computer**, die Computer

der **Container**, die Container

cool

die **Cornflakes**

die **Couch**, die Couchs

der **Cowboy**, die Cowboys

die **Creme**, die Cremes

der **Cursor**, die Cursors

D

das **Dach**, die Dächer

dann

die **Decke**, die Decken

der **Delfin**, die Delfine

denn

der **Dezember**

der **Dieb**, die Diebe

das **Domino**, die Dominos

doof

dort

die **Dose**, die Dosen

draußen

drehen, er dreht

drei

der **Dschungel**, die Dschungel

dunkel

durch

dürfen, er darf

E

das **Eichhörnchen**, die Eichhörnchen

der **Eimer**, die Eimer

der **Elefant**, die Elefanten

die **Ente**, die Enten

die **Enttäuschung**, die Enttäuschungen

die **Erdbeere**, die Erdbeeren

die **Erkältung**, die Erkältungen

erklären, er erklärt

der **Esel**, die Esel

essen, er isst

F

fahren, er fährt

das **Fahrrad**, die Fahrräder

der **Fahrstuhl**, die Fahrstühle

fallen, er fällt

falsch

fälschen, er fälscht

die **Familie**, die Familien

der **Fan**, die Fans

die **Farbpatrone**, die Farbpatronen

die **Feder**, die Federn

die **Fee**, die Feen

der **Fehler**, die Fehler

das **Feld**, die Felder

der **Fernseher**, die Fernseher

fertig

das **Fett**, die Fette

das **Feuer**, die Feuer

die **Feuerwehr**, die Feuerwehren

der **Film**, die Filme

die **Flasche**, die Flaschen

die **Fliege**, die Fliegen

der **Floh**, die Flöhe

Rechtschreibhilfen verwenden: mit der Wörterliste arbeiten

die **Flöte**, die Flöten

der **Fluss**, die Flüsse

das **Foto**, die Fotos

fragen, er fragt

fremd

der **Freund**, die Freunde

froh

der **Frosch**, die Frösche

der **Funk**

der **Fuß**, die Füße

G

gähnen, er gähnt

ganz

die **Gardine**, die Gardinen

geben, sie gibt

gehen, er geht

gelb

das **Gemälde**, die Gemälde

das **Gemüse**, die Gemüse

gern

das **Geschenk**, die Geschenke

gesund

gießen, sie gießt

die **Gießkanne**, die Gießkannen

die **Giraffe**, die Giraffen

die **Glocke**, die Glocken

der **Griff**, die Griffe

grob

die **Größe**, die Größen

der **Grund**, die Gründe

der **Gruß**, die Grüße

die **Gurke**, die Gurken

H

das **Haar**, die Haare

haben, er hat

der **Hahn**, die Hähne

halten, sie hält

die **Hand**, die Hände

das **Handy**, die Handys

die **Harke**, die Harken

der **Hase**, die Hasen

das **Haus**, die Häuser

heben, er hebt

heiß

das **Heu**

die **Hexe**, die Hexen

das **Hochhaus**, die Hochhäuser

das **Horoskop**, die Horoskope

die **Hose**, die Hosen

das **Huhn**, die Hühner

der **Hund**, die Hunde

hungrig

der **Hut**, die Hüte

I

die **Idee**, die Ideen

der **Igel**, die Igel

ihm

ihn

ihnen

ihr

ihren

immer

der **Inliner**, die Inliner

die **Insel**, die Inseln

J

die **Jacke**, die Jacken
jagen, sie jagt
der **Jäger**, die Jäger
die **Jeans**, die Jeans
das **Jo-Jo**, die Jo-Jos
der **Juli**
der **Juni**

K

die **Kabine**, die Kabinen
der **Käfer**, die Käfer
der **Kaffee**, die Kaffees
der **Käfig**, die Käfige
der **Kaktus**, die Kakteen
kalt
das **Kamel**, die Kamele
die **Kartoffel**, die Kartoffeln
der **Käse**, die Käse
die **Katze**, die Katzen
kaufen, er kauft
das **Kind**, die Kinder
der **Kinderwagen**,
   die Kinderwagen
das **Kino**, die Kinos
kippen, er kippt
die **Kirche**, die Kirchen
die **Kirsche**, die Kirschen
die **Kiste**, die Kisten
die **Kiwi**, die Kiwis
klar
das **Klavier**, die Klaviere
der **Klee**, die Klees
das **Kleid**, die Kleider

klettern, er klettert
der **Kloß**, die Klöße
klug
der **König**, die Könige
können, er kann
der **Korb**, die Körbe
die **Kraft**, die Kräfte
kräftig
die **Krähe**, die Krähen
der **Kran**, die Kräne
krank
kriegen, er kriegt
das **Krokodil**, die Krokodile
die **Küche**, die Küchen
die **Kuh**, die Kühe
das **Küken**, die Küken
kurz
die **Kusine**, die Kusinen
der **Kuss**, die Küsse

L

das **Lama**, die Lamas
das **Land**, die Länder
der **Lärm**
lassen, er lässt
laufen, er läuft
der **Läufer**, die Läufer
laut
läuten, er läutet
die **Lawine**, die Lawinen
leer
leicht
leihen, er leiht
leise

die **Leiter**, die Leitern
der **Leopard**, die Leoparden
lesen, er liest
die **Leute**
das **Lexikon**, die Lexika
lieb
lieben, er liebt
die **Liebe**
das **Lied**, die Lieder
liegen, er liegt
das **Lineal**, die Lineale
die **Liste**, die Listen
loben, er lobt
der **Löffel**, die Löffel
das **Los**, die Lose
die **Luft**, die Lüfte
die **Lupe**, die Lupen

M

das **Mädchen**, die Mädchen
die **Mail**, die Mails
malen, er malt
die **Mandarine**, die Mandarinen
das **Märchen**, die Märchen
die **Margarine**, die Margarinen
der **März**
die **Maschine**, die Maschinen
das **Match**, die Matchs
die **Maus**, die Mäuse
das **Meer**, die Meere
mehr
mehrmals
die **Melone**, die Melonen
das **Memo**, die Memos

die **Menschen**, die Menschen
das **Mikado**, die Mikados
das **Mikrofon**, die Mikrofone
das **Mikroskop**, die Mikroskope
der **Mixer**, die Mixer
der **Monat**, die Monate
der **Mond**, die Monde
der **Monitor**, die Monitore
das **Moor**, die Moore
das **Moos**, die Moose
müssen, er muss
das **Muster**, die Muster
die **Mütze**, die Mützen

N

die **Nase**, die Nasen
das **Nashorn**, die Nashörner
nehmen, er nimmt
die **Nektarine**, die Nektarinen
das **Netz**, die Netze
nicht
nichts
die **Nixe**, die Nixen
der **November**
die **Nuss**, die Nüsse

O

öffnen, er öffnet
oft
ohne
das **Ohr**, die Ohren
das **Öl**, die Öle
die **Oma**, die Omas

P

das **Paar**, die Paare

das **Paket**, die Pakete

das **Papier**, die Papiere

das **Pferd**, die Pferde

der **Pfirsich**, die Pfirsiche

pflegen, er pflegt

die **Pfütze**, die Pfützen

der **Pilot**, die Piloten

der **Pilz**, die Pilze

der **Pinsel**, die Pinsel

der **Plan**, die Pläne

plötzlich

das **Pony**, die Ponys

der **Pool**, die Pools

die **Praline**, die Pralinen

der **Pullover**, die Pullover

die **Puppe**, die Puppen

das **Puzzle**, die Puzzles

die **Pyramide**, die Pyramiden

Qu

die **Qual**, die Qualen

quälen, er quält

die **Qualle**, die Quallen

der **Qualm**

der **Quark**

quasseln, er quasselt

der **Quatsch**

quer

quieken, er quiekt

das **Quiz**, die Quiz

R

der **Rasen**, die Rasen

der **Rasenmäher**,
die Rasenmäher

raten, er rät

das **Rätsel**, die Rätsel

der **Räuber**, der Räuber

der **Rauch**

räuchern, er räuchert

das **Regal**, die Regale

der **Regenbogen**, die Regenbögen

der **Regenschirm**,
die Regenschirme

das **Reh**, die Rehe

reiten, er reitet

der **Reiter**, die Reiter

rennen, er rennt

riechen, er riecht

der **Riegel**, die Riegel

der **Riese**, die Riesen

das **Rind**, die Rinder

der **Rock**, die Röcke

das **Rohr**, die Rohre

rollen, er rollt

der **Roller**, die Roller

die **Rose**, die Rosen

die **Rosine**, die Rosinen

die **Rührschüssel**,
die Rührschüsseln

die **Ruine**, die Ruinen

rund

die **Rutsche**, die Rutschen

S

der **Saal**, die Säle

die **Säge**, die Sägen

sagen, er sagt

die **Salami**, die Salamis

der **Salat**, die Salate

sauber

säubern, er säubert

der **Schädel**, die Schädel

die **Schale**, die Schalen

schälen, er schält

die **Schaukel**, die Schaukeln

der **Schaum**, die Schäume

schäumen, er schäumt

schenken, er schenkt

die **Schere**, die Scheren

schief

das **Schiff**, die Schiffe

das **Schild**, die Schilder

der **Schinken**, die Schinken

schippen, er schippt

schlagen, er schlägt

die **Schlange**, die Schlangen

der **Schlauch**, die Schläuche

der **Schlitten**, die Schlitten

das **Schloss**, die Schlösser

schmollen, er schmollt

die **Schnecke**, die Schnecken

der **Schnee**

die **Schokolade**, die Schokoladen

schräg

der **Schrank**, die Schränke

der **Schuh**, die Schuhe

schummeln, er schummelt

schütteln, er schüttelt

der **Schwan**, die Schwäne

das **Schwein**, die Schweine

schwimmen, er schwimmt

der **See**, die Seen

die **Seele**, die Seelen

sehr

das **Seil**, die Seile

sein, er ist

das **Sieb**, die Siebe

sieben

die **Silbe**, die Silben

sind

singen, er singt

sitzen, er sitzt

das **Skateboard**, die Skateboards

das **Skelett**, die Skelette

das **Smartphone**, die Smartphones

der **Sneaker**, die Sneaker

die **Socke**, die Socken

das **Sofa**, die Sofas

der **Sohn**, die Söhne

sollen, er soll

die **Soße**, die Soßen

der **Sound**, die Sounds

der **Spaß**, die Späße

spät

später

der **Specht**, die Spechte

der **Speer**, die Speere

der **Spiegel**, die Spiegel

das **Spiel**, die Spiele

spielen, er spielt

der **Spieß**, die Spieße

die **Spinne**, die Spinnen

spinnen, er spinnt
der Sport
sprechen, er spricht
die Spritze, die Spritzen
die Spucke
der Stab, die Stäbe
stark
stehen, er steht
stellen, er stellt
die Stelze, die Stelzen
stemmen, er stemmt
der Stempel, die Stempel
der Stern, die Sterne
der Stiefel, die Stiefel
die Stirn, die Stirne
der Strand, die Strände
die Straße, die Straßen
der Strauch, die Sträucher
die Stufe, die Stufen
summen, er summt

T

der Tag, die Tage
täglich
die Tasche, die Taschen
die Tastatur, die Tastaturen
die Tatze, die Tatzen
taub
tauschen, er tauscht
das Taxi, die Taxis
der Tee, die Tees
der Text, die Texte
das Thema, die Themen
das Tier, die Tiere
der Tiger, die Tiger

der Tisch, die Tische
die Tomate, die Tomaten
das Tor, die Tore
tragen, er trägt
das Training, die Trainings
die Träne, die Tränen
der Traum, die Träume
träumen, er träumt
treffen, er trifft
trinken, er trinkt
der Trojaner, die Trojaner
trüb
das T-Shirt, die T-Shirts
der Turm, die Türme

U

das Ufo, die Ufos
die Uhr, die Uhren
und
uns
unser
das Unterhemd, die Unterhemden
der Urlaub, die Urlaube

V

der Vampir, die Vampire
die Vase, die Vasen
der Vater, die Väter
das Veilchen, die Veilchen
versprechen, er verspricht
das Versteck, die Verstecke
das Video, die Videos
viel
viele

vielleicht

vier

die **Violine**, die Violinen

der **Vogel**, die Vögel

voll

vom

von

vor

vorbei

der **Vorhang**, die Vorhänge

der **Vulkan**, die Vulkane

W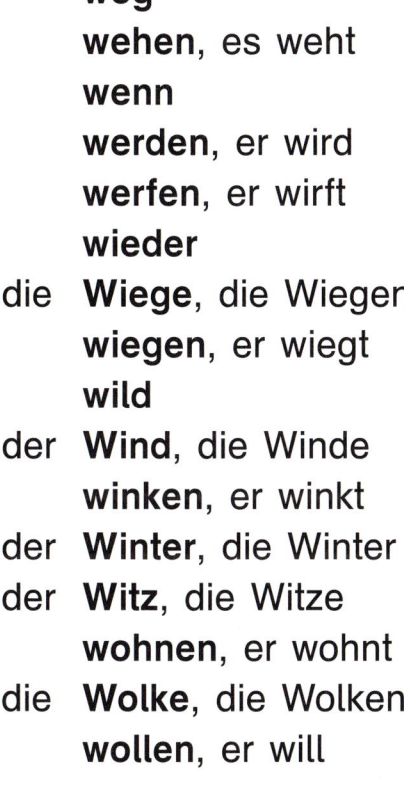

die **Waage**, die Waagen

wann

warm

weben, er webt

der **Wecker**, die Wecker

der **Weg**, die Wege

weg

wehen, es weht

wenn

werden, er wird

werfen, er wirft

wieder

die **Wiege**, die Wiegen

wiegen, er wiegt

wild

der **Wind**, die Winde

winken, er winkt

der **Winter**, die Winter

der **Witz**, die Witze

wohnen, er wohnt

die **Wolke**, die Wolken

wollen, er will

X

das **Xylofon**, die Xylofone

Y

der **Yeti**, die Yetis

das **Ypsilon**, die Ypsilons

Z

die **Zahl**, die Zahlen

zählen, er zählt

der **Zahn**, die Zähne

zaubern, er zaubert

der **Zaun**, die Zäune

zehn

das **Zelt**, die Zelte

die **Ziege**, die Ziegen

ziehen, er zieht

das **Ziel**, die Ziele

der **Zirkus**, die Zirkusse

die **Zitrone**, die Zitronen

der **Zoo**, die Zoos

der **Zug**, die Züge

zum

zur

zusammen

der **Zweig**, die Zweige

der **Zwerg**, die Zwerge

die **Zwiebel**, die Zwiebeln

zwischen

der **Zylinder**, die Zylinder

Adjektiv

Mit Adjektiven kannst du etwas genauer beschreiben.
Sie sagen, wie jemand oder etwas ist.
Adjektive kann man verändern.
Wie ist der Löwe? **wild** — der **wilde** Löwe — Der Löwe ist **wild**.

Alphabet (Abc)

Das Alphabet (Abc) hat 26 Buchstaben:
A B C D E F G H I J K L M N O P Q R S T U V W X Y Z
A, E, I, O und U sind Selbstlaute (Vokale).

Artikel (Begleiter)

Nomen (Substantive) haben einen passenden Begleiter.
Man nennt ihn Artikel (Begleiter).
der Hund, die Schule, das Tier
Es gibt **bestimmt**e Artikel (Begleiter): der, die, das
Es gibt **unbestimmt**e Artikel (Begleiter): ein, eine
der Stift — ein Stift, das Tier — ein Tier, die Schule — eine Schule

Doppellaute (Zwielaute)

Au/au, Ei/ei, Ai/ai, Eu/eu und Äu/äu sind Doppellaute (Zwielaute).
Sie bestehen aus zwei Selbstlauten.

Mitlaute (Konsonanten)

Alle Buchstaben im Abc, die keine Selbstlaute (Vokale) sind,
heißen Mitlaute (Konsonanten).

Nomen (Substantiv)

Wörter für Menschen, Tiere, Pflanzen und Dinge heißen Nomen
(Substantive). Nomen schreibe ich groß.
Schule, Tier, Stift, ...
Die meisten Nomen gibt es in der Einzahl (Singular)
und in der Mehrzahl (Plural).
die Schulen — die Schule, das Tier — die Tiere, der Stift — die Stifte

Satz

Aus Wörtern kann man Sätze bilden.
Satzanfänge schreibt man groß.
Am Ende des Satzes steht ein **Satzschlusszeichen**.
Am Ende eines **Aussagesatz**es steht ein Punkt.
Momo sitzt am Computer.
Am Ende eines **Fragesatz**es steht ein Fragezeichen.
Wo bist du? Gehst du in den Zoo?
Am Ende eines **Aufforderungssatz**es
oder nach Ausrufen steht ein Ausrufezeichen.
Lass das! Hilfe!

Selbstlaute (Vokale)

a, e, i, o und u heißen Selbstlaute (Vokale).

Silben

Wörter kann man in Silben einteilen.
Ein Wort kann aus einer oder mehreren Silben bestehen.
Jede Silbe hat mindestens einen Selbstlaut (Vokal).

Umlaute

ö, ü und ä heißen Umlaute. Auch Umlaute sind Selbstlaute.

Verb

Wörter wie reiten, lesen, trinken heißen Verben.
Verben sagen, was jemand tut oder was geschieht.
Verben verändern sich im Satz.
Es kommt darauf an, wer etwas tut.
Ich male. – Du malst. Er/Sie/Es malt. Wir malen.
Die **Grundform** von Verben ist meist die **wir-Form**.
Im Wörterbuch stehen Verben in der Grundform.
wir schwingen – schwingen
Die verschiedenen Endungen -e , -st , -t , -en sind Wortbausteine.
Manche Verben ändern im Wortstamm ihren Selbstlaut (Vokal).
wir tragen – du trägst, ich esse – du isst

Vorsilben
Vorangestellte Wortbausteine nennt man Vorsilben.
Sie verändern die Bedeutung von Wörtern.

fliegen: wegfliegen, mitfliegen, abfliegen

Wortbausteine
Wörter sind aus Wortbausteinen zusammengesetzt.
Wortbausteine können die Bedeutung von Wörtern verändern.

Wortfamilien
Wörter mit dem gleichen Wortstamm sind die Verwandten
einer Wortfamilie.

lesen, Lesebuch, vorlesen, Leserin

Wortfeld
Alle Wörter, die eine ähnliche Bedeutung haben,
gehören zu einem Wortfeld.

gehen: rennen, laufen, schleichen, wandern, spazieren, ...

Wortstamm
Der Wortstamm ist der Teil des Wortes, der meistens gleich bleibt.

| lieb | Liebe, lieben, lieblich, ...

| lach | ich lache, du lachst, er/sie/es lacht, wir lachen

Zusammengesetzte Nomen
Aus mehreren Nomen (Substantiven) kann man
zusammengesetzte Nomen bilden.

Regen + Bogen → Regenbogen

Fachbegriffe   sprachliche Begriffe und Strukturen kennen

KARIBU Kompetenzen

Kapitel	Sprechen und Zuhören	Texte verfassen	Sprache untersuchen	Richtig schreiben
Tafelschwamm und Pausenspiel	zu anderen sprechen: erzählen; verstehend zuhören: Fragen verstehen, beantworten und stellen; Gespräche führen: Gesprächsregeln entwickeln und anwenden; Arbeitstechnik kennenlernen: 5-Finger-Methode nutzen	Texte planen: Klassenregeln entwickeln; Texte schreiben: nach Mustern schreiben (Regeln, Ich-Text); Texte überarbeiten: ein Plakat gestalten und präsentieren; Texte überarbeiten: einen Ich-Text für die Veröffentlichung aufbereiten und präsentieren	sprachliche Strukturen kennen und anwenden: Laute, Anlaute, Mehrgrapheme kennen und anwenden, Silben schwingen und erkennen, Piloten markieren; Rechtschreibstrategien anwenden: Mitsprechen	rechtschriftliche Kenntnisse anwenden: Silben schwingen, Piloten (Vokale, Diphthonge, Umlaute) markieren – Wörter mit -e, -el, -en, -er schreiben – Wörter mit Doppelkonsonanten schreiben, offene/geschlossene Silben erkennen Wortgrenzen erkennen – Wörter mit Konsonantenhäufung schreiben; Arbeitstechnik kennenlernen: Abschreibtechnik nutzen; Rechtschreibstrategien anwenden: Mitsprechen
Gemüsebeißer und Sportskanonen	zu anderen sprechen: informieren; verstehend zuhören: über Interessen (Sport) sprechen; szenisch spielen: etwas pantomimisch darstellen – sich in eine Situation hineinversetzen Gespräche führen: über die Funktion schriftlicher Mitteilungen (z. B. Einkaufszettel) sprechen	Texte planen/schreiben: auf Reihenfolge achten, Handlungsabläufe erkennen (Vorgangsbeschreibung), nach Mustern schreiben (Einkaufszettel); Texte schreiben: strukturiert schreiben (Rezept); Texte überarbeiten: Texte an der Schreibaufgabe überprüfen, Rezepte für die Veröffentlichung aufbereiten und präsentieren	sprachliche Begriffe kennen und anwenden: Konsonanten und Vokale im Abc unterscheiden; an Wörtern arbeiten: Wörter nach dem Alphabet ordnen; Arbeitstechnik kennenlernen: Wörterliste nutzen	rechtschriftliche Kenntnisse anwenden: Wörter mit langem i-Laut (ie) in der offenen Silbe schreiben – Wörter mit s/ß schreiben; Arbeitstechnik kennenlernen: mit dem Schleichdiktat arbeiten; Rechtschreibstrategie anwenden: Mitsprechen
Wetterfrösche und Waldläufer	zu anderen sprechen: durch Bildimpulse eine Geschichte erzählen; Gespräche führen: Gesprächsregeln beachten (Erzähl- und Zuhörregeln) – Rückmeldung geben; über Lernen sprechen: Beobachtungen wiedergeben; situationsangemessen sprechen: loben, Begründungen geben	Texte planen: Ideen sammeln; Arbeitstechnik kennenlernen: Ideenblitze und Leseversammlung nutzen; Texte schreiben: nach Anregungen schreiben (Geschichtenende); Texte überarbeiten: Anregungen und Hilfen für Texte geben	sprachliche Begriffe kennen und anwenden: Nomen (Substantive) kennenlernen – Artikel (Begleiter) kennenlernen und zuordnen; an Wörtern arbeiten: Wörter sammeln und ordnen; rechtschriftliche Kenntnisse anwenden: Wortgrenzen erkennen	rechtschriftliche Kenntnisse anwenden: Wörter mit ck und tz schreiben – Wörter mit St/st, Sp/sp und Qu/qu schreiben (Mitsprechen); Arbeitstechnik kennenlernen: mit dem Partnerdiktat arbeiten; Rechtschreibstrategien anwenden: Mitsprechen
Bastelspaß und Technikwunder	zu anderen sprechen: erzählen; Gespräche führen: eigene Ideen entwickeln; Arbeitstechnik kennenlernen: Partnerarbeit nutzen; über Lernen sprechen: über Lernerfahrungen sprechen und diese reflektieren	Texte schreiben: sprachliche und gestalterische Mittel verwenden (treffende Verben), nach Mustern schreiben (Vorgangsbeschreibung) – Texte aus einer anderen Perspektive schreiben; Texte überarbeiten: verschiedene Satzanfänge finden und ganze Sätze formulieren	sprachliche Begriffe kennen und anwenden: Einzahl (Singular) und Mehrzahl (Plural) kennenlernen – Satzschlusszeichen (Punkt, Fragezeichen) und Fragewörter (W-Fragen) kennenlernen; an Wörtern arbeiten: Nomen ordnen	rechtschriftliche Kenntnisse anwenden: Wörter mit vokalisiertem r und silben nitialem h schreiben – Wörter mit t und d im Auslaut schreiben; Rechtschreibstrategien anwenden: Mitsprechen, Weiterschwingen
Familienbande und Freundschaftswege	zu anderen sprechen: beschreiben; Gespräche führen: über eigene Gefühle sprechen – über Gefühle sprechen; szenisch spielen: sich in eine Rolle hineinversetzen und Gefühle darstellen; situationsangemessen sprechen/schreiben: sich entschuldigen, eine Entschuldigung schreiben, Gefühle nachempfinden	Texte planen: Textmuster erschließen (Einladung); Texte schreiben: adressatengerecht und kriteriengeleitet schreiben – nach Mustern schreiben; Texte überarbeiten: Texte an der Schreibaufgabe überprüfen	sprachliche Begriffe kennen und anwenden: bestimmten und unbestimmten Artikel (Begleiter) kennenlernen und unterscheiden – Satzarten (Aussage-, Frage-, Ausrufesatz) und Satzschlusszeichen (Ausrufezeichen) kennenlernen	rechtschriftliche Kenntnisse anwenden: Wörter mit Auslaut-verhärtung schreiben (t/d, p/b, k/g) – Wörter mit Doppelung schreiben; Rechtschreibstrategien anwenden: Weiterschwingen
Traumzeit und Abenteuerhelden	zu anderen sprechen: argumentieren, über Träume und Wünsche sprechen – erzählen, Erzählstrukturen erkennen und umsetzen (logische Reihenfolge)	Texte planen: Schreibideen entwickeln, mit dem Schreibplan arbeiten; Texte schreiben: Inhalte strukturieren, nach Anregungen (Bild) eigene Texte schreiben – eine passende Überschrift finden; Texte überarbeiten: Rückmeldungen für die Überarbeitung nutzen (Leseversammlung)	sprachliche Begriffe/Strukturen kennen und anwenden: Verben kennenlernen – konjugierte Verben (regelmäßig) kennenlernen; an Wörtern arbeiten: Möglichkeiten der Wortbildung kennen (Wortbausteine)	rechtschriftliche Kenntnisse anwenden: Verben mit Inlautverhärtung schreiben – Verben mit Doppelung und silbeninitialem h schreiben; Rechtschreibstrategien anwenden: Weiterschwingen

143

Thema	zu anderen sprechen / Medien	Texte planen/schreiben	sprachliche Strukturen	rechtschriftliche Kenntnisse
Wüstenschiff und Wollmilchsau	zu anderen sprechen: informieren und beschreiben; verstehend zuhören: Fragen verstehen, beantworten und stellen; zu anderen sprechen: Sachverhalte verständlich darstellen, Informationen nach Oberbegriffen strukturieren; funktionsangemessen sprechen: Fachbegriffe nutzen	Texte planen: Stichwörter zu Oberbegriffen sammeln, Verwendungszusammenhänge klären; Texte schreiben/überarbeiten: nach Mustern schreiben (Steckbrief) – Text (Steckbrief) schreiben und für die Veröffentlichung aufbereiten (Tier-Kartei) – Texte an der Schreibaufgabe überprüfen	sprachliche Begriffe/Strukturen kennen und anwenden: Adjektive kennenlernen und anwenden (Gegensatzpaare) – Adjektive (Funktionalität) kennenlernen; an Wörtern arbeiten: Gegensatzpaare finden und schreiben – mit Sprache experimentell und spielerisch umgehen	rechtschriftliche Kenntnisse anwenden: Wörter mit langem i (ie) (geschlossene Silbe) schreiben – Wörter mit ö und öu schreiben, verwandte Wörter finden; Rechtschreibstrategien anwenden: Weiterschwingen, Ableiten
Lesemops und Bücherwurm	zu anderen sprechen: erzählen – informieren; mit Medien umgehen: von eigenen Lesegewohnheiten berichten und sich über Gelesenes austauschen – Bücher vorstellen, Lesefähigkeiten und Leseerfahrungen erwerben	Texte planen: Schreibideen nutzen, sprachliche und gestalterische Mittel verwenden; Texte schreiben: nach Anregungen eigene Texte schreiben – eine Geschichte fortsetzen; Texte überarbeiten: Rückmeldungen für die Überarbeitung nutzen (Leserversammlung)	sprachliche Strukturen kennen und anwenden: die konjugierte Verben (unregelmäßig) kennenlernen – Wortfamilien kennenlernen; an Wörtern arbeiten: Möglichkeiten der Wortbildung kennen und nutzen (Wortstamm, Wortfamilie)	rechtschriftliche Kenntnisse anwenden: Wörter mit ö und öu schreiben; rechtschreibwichtige Wörter kennen und anwenden: Wörter mit V/v schreiben; Arbeitstechnik kennen: Wörterliste nutzen; Rechtschreibstrategien anwenden: Ableiten, Merken
Freizeitspaß und Zeitvertreib	zu anderen sprechen: beschreiben, sich in eine Situation hineinversetzen – argumentieren; Arbeitstechnik kennen: Bilder beschreiben und vergleichen; Gespräche führen: eine offene Diskussion führen (Lieblingsjahreszeit)	Texte planen: Schreibideen entwickeln und nutzen, mit dem Schreibplan arbeiten; Texte schreiben/überarbeiten: nach Anregungen eigene Texte schreiben – Texte in Bezug auf die sprachliche Gestaltung hin optimieren (Wortfelder), Wörter sammeln	an Wörtern und Sätzen arbeiten: Wörter ordnen und zu Oberbegriffen eigene Wörter finden – sprachliche Operationen nutzen (ergänzen, weglassen, umstellen); sprachliche Strukturen kennen und anwenden: Satzglieder kennenlernen	rechtschriftliche Kenntnisse anwenden: Adjektive mit Auslautverhärtung und β am Wortende schreiben; rechtschreibwichtige Wörter kennen: Wörter mit i (Tiger-) i schreiben; Rechtschreibstrategien anwenden: Weiterschwingen, Merken
Computermäuse und Netzhühner	zu anderen sprechen: argumentieren – informieren; mit Medien umgehen: Medien als Anreiz zum Sprechen und Schreiben nutzen – Medien als Anreiz zum Sprechen nutzen (z.B. Fernsehen), sich über persönliche Medienerfahrungen austauschen	Texte schreiben: nach Mustern schreiben (Akrostichon); Texte überarbeiten: Texte an der Schreibaufgabe überprüfen; über Schreibfertigkeiten verfügen: den PC für die Textgestaltung nutzen; zu anderen sprechen: situationsangemessen sprechen (um Hilfe bitten)	sprachliche Strukturen und Begriffe kennen und anwenden: Vorsilben und Wortbausteine kennenlernen – zusammengesetzte Nomen (Substantive) kennenlernen; an Wörtern arbeiten: Möglichkeiten der Wortbildung kennen	rechtschreibwichtige Wörter kennen: Wörter mit nicht ableitbarem ö schreiben; Rechtschreibhilfen verwenden: mit der Wörterliste arbeiten (Fremdwörter); Rechtschreibstrategien anwenden: Ableiten, Merken
Weltenbummler und Reiseabenteuer	Gemeinsamkeiten und Unterschiede von Sprachen entdecken: Unterschiede (z.B. sich begrüßen) in Sprachen finden und über Auffälligkeiten sprechen; zu anderen sprechen: informieren; Unterschiede von Sprachen entdecken: Dialekte kennenlernen und vergleichen; szenisch spielen: ein Rollenspiel planen und vorführen	Texte planen: Schreibabsicht und Verwendungszusammenhang klären; Texte schreiben: adressaten- und funktionsgerecht schreiben (Postkarte) – nach Anregungen eigene Texte (E-Mail) schreiben; über Schreibfertigkeiten verfügen: den PC als Schreibwerkzeug nutzen	sprachliche Strukturen kennen und anwenden: Nomen (Substantive), Verben, Artikel (Begleiter) und Adjektiv schreiben – Präpositionen (Bindewörter) kennenlernen und schreiben; an Wörtern/Sätzen arbeiten: mit Sprache experimentell und spielerisch umgehen	rechtschreibwichtige Wörter kennen: Wörter mit Dehnungs-h schreiben – Wörter mit X/x und Y/y schreiben; Rechtschreibstrategien anwenden: Merken
Im Herbst		Texte planen/präsentieren: Texte mit Schrift gestalten, gestalterische Mittel sammeln	sprachliche Strukturen kennen und anwenden: Nomen (Verkleinerungsformen) und Umlaute kennenlernen; an Wörtern arbeiten: Möglichkeiten der Wortbildung kennen	
Im Winter	zu anderen sprechen: erzählen, über Wünsche sprechen; Gespräche führen: sich an Gesprächen beteiligen; funktionsgerecht schreiben: Wünsche formulieren (Wunschzettel)	Texte erschließen: eigene Gedanken zu Texten entwickeln, mit anderen über Texte sprechen; szenisch spielen: eine Erzählung szenisch umsetzen		
Im Frühling	zu anderen sprechen: nach Anregungen (Bilder, Stichwörter) eine Geschichte erzählen	Texte erschließen: eigene Gedanken zu Texten entwickeln; Texte schreiben: nach Anregungen eigene Texte (Konkrete Poesie) schreiben		an Wörtern/Sätzen arbeiten: mit Sprache experimentell und spielerisch umgehen
Im Sommer		Texte planen: sprachliche und gestalterische Mittel und Ideen sammeln; Texte schreiben: nach Mustern schreiben (Gedicht/Elfchen) – nach Anregungen eigene Texte (Gedicht/ Sprechtaculum) schreiben	an Wörtern/Sätzen arbeiten: mit Sprache experimentell und spielerisch umgehen	